MARCOS
EDUARDO
NEVES

O EFEITO
ZICO

COMO OBTER ÍNDICE DE REJEIÇÃO ZERO NA SUA PROFISSÃO

Planeta ESTRATÉGIA

Copyright © Marcos Eduardo Neves e Arthur Antunes Coimbra, 2024
Copyright © Editora Planeta do Brasil, 2024
Todos os direitos reservados.

Preparação: Wélida Muniz
Revisão: Fernanda Guerriero Antunes e Valquíria Matiolli
Projeto gráfico e diagramação: Gisele Baptista de Oliveira
Tratamento de imagens de acervo pessoal: Daniel Planel
Capa: Fabio Oliveira
Imagem de capa: Eduardo Monteiro / fotonauta

DADOS INTERNACIONAIS DE CATALOGAÇÃO NA PUBLICAÇÃO (CIP)
ANGÉLICA ILACQUA CRB-8/7057

Zico, 1953-
   O efeito Zico / Zico e Marcos Eduardo Neves. - São Paulo : Planeta do Brasil, 2024.
   256 p.

   ISBN: 978-85-422-2594-5

   1. Desenvolvimento pessoal 2. Desenvolvimento profissional 3. Liderança 4. Zico, 1953- - Carreira I. Título II. Neves, Marcos Eduardo

24-0135   CDD 158.1

Índice para catálogo sistemático:
1. Desenvolvimento pessoal

Ao escolher este livro, você está apoiando o manejo responsável das florestas do mundo

2024
Todos os direitos desta edição reservados à
EDITORA PLANETA DO BRASIL LTDA.
Rua Bela Cintra, 986,
4º andar – Consolação
São Paulo – SP – 01415-002
www.planetadelivros.com.br
faleconosco@editoraplaneta.com.br

Acreditamos nos livros

Este livro foi composto em Lufga e Fairfield LT Std e impresso pela Geográfica para a Editora Planeta do Brasil em janeiro de 2024.

A meus pais (in memoriam), minha irmã e meus irmãos, minha esposa, meus filhos, noras, netos e todos os amigos que fiz nesta vida.

Zico

Sumário

9
Apresentação

13
INTRODUÇÃO
Uma imagem irretocável

21
CAPÍTULO 1
O passado constrói o futuro:
valorize a sua história

36
CAPÍTULO 2
Líderes com paixão me transformaram
em um profissional de alto nível

50
CAPÍTULO 3
Os segredos por trás de um líder

66
CAPÍTULO 4
Chegar ao topo é fácil; difícil é se manter

78
CAPÍTULO 5
O momento certo de se impor

95
CAPÍTULO 6
Humildade e correção para
brilhar no exterior

106
CAPÍTULO 7
Sacrifícios e derrotas viram aprendizados

120
CAPÍTULO 8
De repente, virei Ministro

129
CAPÍTULO 9
O maior desafio da minha vida

142
CAPÍTULO 10
Montando uma equipe vencedora

152
CAPÍTULO 11
Mudando o patamar de um grupo

162
CAPÍTULO 12
O caso Romário e o drama de Ronaldo

170
CAPÍTULO 13
O reconhecimento na
Terra do Sol Nascente

180
CAPÍTULO 14
Enfrentando o poder
com autoridade

193
CAPÍTULO 15
Acumulando experiências e
espalhando aprendizados

211
CAPÍTULO 16
Líder é sempre líder,
não importa a idade

220
CAPÍTULO 17
Ensinamentos e aprendizados

229
CAPÍTULO 18
A descoberta do meu propósito

235
O que dizem sobre o líder

237
Agradecimentos

Apresentação

O INGREDIENTE MAIS IMPORTANTE NA FÓRMULA DO SUCESSO é saber lidar com pessoas. É quando nossa singularidade se potencializa. Mas essa singularidade precisa se manifestar tendo como base a sabedoria. E esse é um dos pontos que O *efeito Zico* aborda com precisão.

Maior nome da história do Flamengo, Zico sempre soube se impor para alcançar ao que visava para a própria carreira. Filho de uma dona de casa e de um alfaiate, com a mãe aprendeu a respeitar as pessoas e, com o pai, a ser perfeccionista ao extremo. Ele conquistou títulos importantes, e, tanto na função de jogador como na de técnico, honrou outros clubes e seleções. Ao parar, tentou contribuir na política, mas retornou ao esporte para fincar de vez seu nome no panteão dos deuses da bola.

Hoje, é uma sumidade não apenas em seu país, mas também no Japão, onde há duas estátuas suas. Menos pelo talento e mais pelo cidadão que é: uma pessoa de palavra, um homem de caráter com valores inabaláveis e, o que mais nos interessa aqui, um autêntico líder.

Arthur Antunes Coimbra já foi chamado de prodígio, craque, gênio e todos os superlativos possíveis, mas ganhou notoriedade em um esporte coletivo, não individual. Para se sobressair, tinha plena consciência de que a equipe precisava estar o mais forte possível, com todos cooperando em busca do objetivo em comum.

Ao longo de sua trajetória como jogador, técnico, coordenador, presidente de sindicato e de clube, e atualmente como dirigente, Zico aprendeu que uma organização pode se aprimorar, desde que conte com a presença de um líder, aquele que traz dentro de si o espírito do desafio.

Suas contribuições neste livro certamente farão com que muitos empreendedores, empresários, gestores e profissionais de qualquer área percebam se estão ou não no caminho certo.

E que caminho seria esse? O de se aprimorar dia após dia. Ter empenho em se desenvolver, não simplesmente para mostrar serviço. Quando em posição de liderança, mesmo que não tenha a equipe mais genial e bem preparada em mãos, saber fazer o possível e o impossível para criar um grupo unido em que um compense os pontos fracos do outro e que também ajude os colegas a se desenvolverem por meio do exemplo e da ética de trabalho. Não é sempre que o melhor vence, pois é importante fazer com que seus pares acreditem na sua liderança e também em si mesmos. Por essa razão, Zico forçava seus comandados a dar seu máximo, tanto técnica quanto mentalmente. Tudo isso visando incitar que eles mesmos, por vontade própria, quisessem se superar, pois só assim poderiam realizar seus sonhos. Apaixonado pelo que fazia, tinha como meta a vitória. Do time. E não a sua, pessoal.

No campo profissional, somos só mais um membro da corporação, por isso é imprescindível, como você verá ao longo destas páginas, impor o espírito de "todos pelo time". Quando o papel de cada um brota nos demais, a corporação se fortalece. Para isso, é importante estar focado, imerso, concentrado no objetivo. E cabe ao líder criar essa consciência nos liderados.

Um líder, acima de tudo, é transparente e precisa dar o exemplo. Aqui, você aprenderá a exercer a liderança por meio da autoridade, não pela força ou tirando proveito do próprio poder. Verá que se manter autêntico o aproxima das pessoas. Assim, jamais falarão que você age diferente com pessoas de variados graus de hierarquia ou subordinação.

Como humanos, às vezes falhamos. Tudo bem, somos todos passíveis de erro. O que não dá é permitir que o medo de falhar tire a sua coragem de tomar decisões, nem se eximir de chamar para si suas responsabilidades. De quebra, é saudável construir um ambiente no qual todos possam trabalhar melhor, mais satisfeitos e, de preferência, se divertindo. É preciso ouvir, deixar falar e procurar, na medida do possível, entender a situação. Mas a palavra final é sempre do líder. Tratando os outros como gosta de ser tratado, Zico jamais teve sua imagem arranhada. Não à toa, anda de cabeça erguida aonde quer que vá. Tem total consciência do que fez, do que faz e de como reage ao que fazem ou tentam fazer com ele.

Um líder de verdade precisa desses atributos, e O efeito Zico te ajudará nessa tarefa. Mais do que abordar a carreira de uma das personalidades mais relevantes do mundo esportivo, contando o que o craque viveu e passou até alcançar o status do qual desfruta hoje, esta obra colabora com a carreira do leitor. Para que, um dia, quem sabe, ele se torne um profissional com baixo ou nenhum índice de rejeição, alcançando o efeito que Zico causa até mesmo naqueles que não gostam ou nada entendem de futebol.

INTRODUÇÃO

Uma imagem irretocável

UM ESCÂNDALO DE GIGANTESCAS PROPORÇÕES EXPLODIU na Itália envolvendo o meu nome, em março de 1985. Fui condenado à prisão por suspeita de sonegação de impostos e constituição ilícita de capital no exterior.

Intimado pela Procuradoria da cidade de Udine, prestei depoimento e fui alvo de insinuações e de ofensas gratuitas que os principais jornais do país faziam questão de transformar em manchetes sensacionalistas, estampando tudo em letras garrafais. Minha imagem e tudo o que, à base de dedicação e sacrifícios, construí ao longo da carreira pareciam escorrer pelo ralo. O mundo ficou perplexo ao ver o nome de Zico envolto em uma polêmica dessa magnitude.

O problema começou em abril de 1983, quando um procurador da Udinese chegou ao Rio de Janeiro para acertar comigo e com o Flamengo a minha contratação. Segundo as leis italianas, todo clube que quisesse contar com atletas estrangeiros deveria apresentar garantias de que possuía verba para isso. O fisco italiano teria de autorizar que a quantia necessária fosse retirada do país para a compra do meu passe, o que, soube depois, a Udinese não tinha.

Uma empresa de Londres, chamada Grouping Limited, foi parceira nessa negociação, comprando os direitos de comercializar a minha imagem. Isso ajudou a Udinese a me contratar, inclusive adiantando as minhas luvas[1] assim que assinamos o contrato. A Grouping me adiantou 30% dos acordos publicitários que combinamos fazer.

Não demorou para a Guardia di Finanza, a polícia do fisco italiano, desconfiar que a Grouping – empresa de endereço duvidoso e com representantes desconhecidos – era, na verdade, uma extensão ilegal da própria administração da Udinese, tendo à frente o presidente do clube, Lamberto Mazza.

Hoje em dia, contrato de imagem é comum. Na ocasião, não. A Udinese saltou na frente dos demais ao me pagar uma quantia como salário e o restante para usar a minha imagem em campanhas publicitárias. Junto a meu advogado, assinei no Brasil, em 10 de junho de 1983, o contrato com a agremiação italiana.

Não via problemas em receber o que acordamos assim que chegasse à Itália, mas, por ter assinado e recebido no Brasil, paguei todos os impostos referentes à negociação no meu próprio país. Em agosto, a história assumiu novos contornos. Mazza, sem se explicar muito, veio conversar:

"Zico, meu querido, preciso mudar a data do seu contrato de imagem, pois estamos com um probleminha aqui..."

Como eu havia assinado o contrato em junho, para fazer um novo, o governo italiano teria de autorizar, o que não era interessante para a Udinese. O advogado do clube, Giuseppe Campeis, se negou a apresentar ao fisco o documento que rubriquei no Brasil. Por causa disso, em maio de 1985, um juiz do Tribunal de Udine resolveu me condenar.

---

1 Direito de luvas: representa o valor pago pelos clubes aos novos jogadores, cujo objetivo é atrair atletas para compor a equipe. No recurso ao tribunal, o clube de futebol alegou que nunca fora pactuado qualquer pagamento de luvas ao jogador, inclusive por se tratar de atleta em início de carreira.

Sem advogados na Itália, pedi ajuda ao Mazza para me defender. Fui surpreendido com a resposta:

"Ah, eu já sabia que isso ia acontecer..."

"Ora, se sabia, por que não me avisou antes?", perguntei, não obtendo justificativa satisfatória.

Na verdade, a polícia estava louca para prender o Mazza. Eu não fazia ideia, mas fui usado como isca.

Ao me impedirem de deixar o país, restou uma única luz no fim do túnel: caso eu fosse convocado para a seleção brasileira, as autoridades italianas teriam de me liberar, mesmo a contragosto. No fundo, a Justiça local temia que, ao sair, eu jamais voltasse. Prometi esperar o julgamento. Embora temesse o resultado do júri.

Quando me chamaram para depor, entreguei meu passaporte ao Procurador da República. Ao depositá-lo por livre e espontânea vontade, e não por determinação judicial, perceberam minha índole, meus princípios morais. Eu tinha sido convocado pelo treinador da seleção, portanto precisava viajar temporariamente para defender o meu país. Por ter contado a verdade, entenderam o meu lado e me liberaram.

Incrível ter sido condenado e ver minha imagem arranhada internacionalmente por conta de um imposto de renda que eu já havia pago. Por sinal, o mais alto que um morador de Udine pagou até então. Recebi 700 mil dólares por cada temporada que jogaria na Itália e quitei os impostos dos três anos que cumpriria no país, mesmo, no final, jogando apenas dois. Perdi cerca de 450 mil dólares, praticamente um terço do que recebi.

A base de todas as acusações feitas contra mim estava na complementação do contrato que firmei em abril de 1983 e que Mazza me forçou a refazer em agosto. Devido a isso, o Tribunal de Udine bloqueou um terço do meu salário. Dal Cin, o dirigente da Udinese que me buscou no Flamengo, escutado por uma hora e meia pelo

Procurador, revelou desconhecer o segundo contrato. Não devia conhecer mesmo. Até porque, um ano após me contratar, foi trabalhar para a Internazionale de Milão.

No momento em que apresentei ao Procurador o contrato que assinei no Brasil, ele questionou por que não o entreguei antes. Se o mostrasse, pronto, estava comprovada a minha inocência, evitando esse imbróglio. Expliquei que não conhecia as leis da Itália e que quem me orientou ao longo de todo o processo foram os dirigentes da Udinese. Ele pareceu ver as peças do quebra-cabeça se encaixarem e murmurou:

"Esse presidente de vocês é quem devia ser preso..."

Como cidadão sujeito às leis italianas, de acordo com o novo contrato que me fizeram assinar, eu deveria ter declarado o embolso da quantia na ocasião, ou seja, em agosto, além de pagar na Itália os impostos correspondentes. Contudo, esse contrato não passava de um adendo àquele subscrito no Brasil. Minha defesa sustentou essa posição: o novo contrato era um complemento ao original, portanto eu nada devia ao fisco por ter recebido e declarado no Rio.

Nunca pensei que cairia numa arapuca. A Grouping entrou em cena para contornar o veto da Câmara de Comércio e Indústria da Itália em relação à minha chegada ao país, já que a Udinese não possuía capital para contratar atletas caros. As autoridades financeiras italianas bloquearam toda e qualquer operação que viesse a explorar a minha imagem. Algumas peças publicitárias já tinham sido negociadas. Impedida de faturar, a Grouping não honrou mais nenhum compromisso comigo.

A vinte e quatro horas de embarcar para o Brasil, fui chamado para participar de um jogo entre um time de estrangeiros que atuavam na Itália, o meu caso, contra o Verona, clube que acabara de vencer o campeonato nacional na temporada 1984/1985. Aguamos o chope deles, 6 × 0, dois gols meus. Joguei tenso, afinal, seria julgado na manhã seguinte pelo Tribunal de Udine.

Meu depoimento durou quase uma hora. O promotor, Giancarlo Buonocore, de forma benevolente, pediu a pena mínima prevista pelo Código Penal italiano para crimes de omissão de ganhos: um ano de prisão e multa de US$ 1,25 milhão. A primeira sentença seria pronunciada naquela mesma noite, mas não passava de um veredito preliminar. Haveria outras duas audiências passíveis de recurso.

Saí não execrado do tribunal, e sob ovação popular. Recebi abraços carinhosos, beijos, rosas e votos de boa sorte. O povo parecia compreender que havia caído numa emboscada. Nervoso, embarquei para o Brasil sem saber se seria ou não condenado.

Naqueles momentos terríveis, quando fui julgado em uma terra distante por um crime que sequer cometi, busquei o equilíbrio emocional que todo líder precisa ter. Se barreiras aparecem, outro caminho existe, basta reunir forças para procurá-lo. Desistir ou se entregar, jamais.

Nunca fui preso na vida, mas levei anos para provar a minha inocência. Fui absolvido em definitivo em dezembro de 1988, ou seja, três anos e meio após a abertura do inquérito. Em março do ano seguinte, de peito aberto e cabeça erguida, retornei ao estádio Comunale del Friuli para me despedir do povo de Udine, em meu último jogo com a camisa da seleção brasileira.

Antes da partida, me prestaram uma série de homenagens. Fiquei emocionado ao perceber que o povo jamais desconfiou da minha lisura. Eles acreditavam na minha integridade, amaram o que fiz pelo clube e o quanto me dediquei à Udinese ao longo dos dois anos em que defendi aquela camisa.

FIQUEI EMOCIONADO AO PERCEBER QUE O POVO JAMAIS DESCONFIOU DA MINHA LISURA.

Definitivamente, Udine nada tinha a ver com o que as autoridades italianas fizeram comigo. A cidade me adora. Alguns torcedores chegaram a viajar para o Rio de Janeiro em 2023, ansiosos para festejar comigo os 70 anos que completei em março daquele ano.

Admito que também sou apaixonado por aquela torcida. Até por isso, na véspera da minha despedida pela seleção, em 1989, como retribuição ao carinho recebido, a Udinese promoveu um jantar especial com as principais lideranças políticas e autoridades locais, entre as quais gente que me condenou anos antes achando que agira de má-fé.

Na mesa, fiz todos chorarem, até mesmo os que sonhavam em me ver preso, assim que comecei a contar a minha história de vida. Expliquei como e por quem fui educado, falei dos sacrifícios por que passei, revelei meu caráter, meus valores, o lugar de onde vim e tudo o que fiz para chegar ao patamar ao qual cheguei. Alguns não souberam onde enfiar a cara. Entenderam que fizeram uma baita sacanagem comigo.

Neste livro, não pretendo fazer ninguém chorar. Mas faço questão de expor mais do que contei para aquelas pessoas. Aliás, muito mais, porque sigo ativo no mundo do futebol. Todos os fatores e situações por que passei e que me levaram a ser quem sou, revelo aqui, com riqueza de detalhes. Afinal, não é fácil compreender por que, tantas décadas após pendurar as chuteiras, o efeito que eu causava nas pessoas segue à plena aonde quer que eu vá.

Nas páginas a seguir, mostrarei como a dedicação e o empenho podem te levar longe, mas sempre agindo com certo jogo de cintura, flexibilidade e muita, mas muita responsabilidade mesmo. Uma vida profissional regrada e baseada em valores traz recompensas que vão além de qualquer coisa que se possa imaginar. E é o que você verá ao longo de todo este livro.

DENTRO E FORA DE CAMPO

- Nem sempre a boa vontade do outro nos leva aos melhores caminhos. Em algumas situações, servimos de isca para benefícios individuais que sequer conhecemos.

- Mantenha-se fiel aos seus valores morais, princípios e crenças. Estes serão os pilares para a construção da sua imagem e de quem você verdadeiramente é.

- Um erro do outro pode ferir a sua imagem. Por isso, esteja atento a propostas e acordos firmados, pois nem tudo é o que parece.

- Equilíbrio emocional, fidelidade aos princípios e determinação são as características de um verdadeiro líder.

- Não deixe o passado ofuscar as glórias do presente. Viva com intensidade os momentos de alegria e compensação pelo que você faz de melhor.

- Dê o melhor de si em campo, mesmo que fora dele os problemas sejam maiores do que você gostaria.

CAPÍTULO 1

O passado constrói o futuro: valorize a sua história

(Quintino/Flamengo – 1953/1971)

FUI CRIADO NO SUBÚRBIO DE QUINTINO BOCAIUVA. QUANDO nasci, meu pai, o português José Antunes Coimbra, mais conhecido como "seu Antunes", tinha 51 anos. Ele parecia um senhor de idade. A diferença era abissal em relação a hoje, pois, apesar do avançar do tempo, parecemos ser mais jovens do que de fato somos, graças a uma série de cuidados e mudanças de comportamento, desde físicos a alimentares.

Como papai trabalhava fora, fui praticamente criado por meu irmão mais velho. Na família, José Antunes Coimbra Filho era chamado de Zeca. No meio do futebol, Antunes. Eu tinha oito anos e meio a menos que ele e sabia tudo sobre a sua vida. Até o que meus pais não faziam ideia.

Quando ele chegava, ao tomar banho colocava um banquinho para eu me sentar e trancava a porta. Eu ficava escutando suas peripécias com a bola nos treinos e, vida afora, com as namoradas. Nas ruas ele me alertava:

"Isso você pode fazer, Zico. Isso aqui, não."
Antunes jogava no Fluminense e quase sempre me levava para ver os treinos. Ele também analisava e assistia às peladas que eu jogava no bairro. Enfim, ele fez o papel do meu pai.

As etapas que construíram meus valores e caráter

Naquele tempo, a sociedade era mais patriarcal do que é hoje. Meu pai sempre foi durão. Nunca levantou a mão para mim, mas cansei de vê-lo bater nos meus irmãos. Eu era o caçula, e Antunes nunca o deixava vir para cima de mim. Entrava na frente e me protegia.

Muito desse comportamento do meu pai se devia à bebida. O "portuga" tomava umas *jurubebas* no boteco e, quando chegava em casa, meu Deus… Às vezes, batia nos meus irmãos por termos desobedecido à mamãe, dona Matilde, dezessete anos mais jovem que ele. Volta e meia, exaltada, ela berrava conosco:

"Vem tomar banho! Vem comer!"

Ninguém ia. Bastava papai chegar para colocar ordem na casa:

"Todo mundo pra dentro!"

A gente fazia uma fila indiana, e ele saía "distribuindo" cintadas em todos. Chegava a minha vez, baixava a mão. Em diversas ocasiões, mamãe segurava a onda. Se contasse o que tínhamos feito de errado, a reação do "velho" poderia ser exagerada.

Apesar dessa educação rígida, amor nunca nos faltou. E, verdade seja dita, papai nunca deixou de nos dar afeto, ainda que do seu jeito. Sustentava o lar, dando um duro danado para que nunca nos faltassem roupa, escola, café da manhã, almoço ou jantar. O resto era conosco.

APESAR DESSA EDUCAÇÃO RÍGIDA, AMOR NUNCA NOS FALTOU.

Papai era alfaiate, e mamãe, dona de casa. Ela fazia todo o serviço sem o auxílio de domésticas. Temia que corrêssemos atrás delas:

"Nem pensar... Mulher não entra aqui, não!"

Hoje, compreendo. Havia cinco homens na casa. Quer dizer, três: Antunes, Nando e Edu, os mais velhos, porque eu e Antônio, que chamávamos de Tunico, éramos crianças.

Aprendendo por meio do exemplo

Devido ao modo rigoroso como fomos criados, aprendi na marra a ter disciplina. Meu pai saía do sério quando a gente faltava com o respeito à mamãe. Sempre que ela se queixava, principalmente das notas que tirávamos na escola, nossa situação se complicava.

Minha única irmã, Maria José – ou melhor, Zezé –, foi a primeira a deixar a casa. Fez por merecer. Saía de Quintino para cursar faculdade na Urca e voltava às onze da noite. Por ficar melhor para ela, resolveu morar com amigas perto da universidade. Graças à sua dedicação, meu irmão Antunes prometeu ao "velho" seguir estudando e acabou se tornando um exemplo para todos nós, homens da casa.

Antunes se formou em Economia e depois cursou Administração. Fernando, o Nando, tornou-se bacharel em Jornalismo, mas não seguiu carreira. Eduardo, o Edu, primeiro cracaço da família, fez Educação Física. Tunico se formou em Direito, e Zezé, em Psicologia. Quando acabei o científico, resolvi cursar Educação Física.

Mesmo já sendo o Zico, consolidado como estrela do futebol brasileiro e com nível internacional, inclusive tendo disputado duas Copas do Mundo, as de 1978 e 1982, deixei a faculdade apenas no último ano. Porque o Flamengo me vendeu para a Itália.

Manter a palavra é fundamental

Como estudar era dever de todos, caso não déssemos certo no futebol, ao menos teríamos um diploma e, com isso, uma profissão. Porém, como já vinha fazendo sucesso no Flamengo, cursar faculdade não foi nada fácil. Dei sorte que a maior parte dos professores compreendia minhas dificuldades para estar sempre por lá. Várias vezes, o Flamengo jogava à noite, no Rio de Janeiro ou em outras cidades. Acertei a questão da frequência conversando com os professores. Devido aos jogos no Maracanã ou fora dele, ir para a faculdade às quartas-feiras, por exemplo, era impossível.

O clube me liberava, e eu voava da concentração para a faculdade. Retornava exausto. Além das quartas, não conseguia ir às sextas-feiras caso houvesse jogo fora no sábado. Meus professores entendiam. Fazendo vista grossa, liberavam minhas faltas nesses dias.

Somente um professor encrencou comigo. Justamente, o irmão de um jogador de futebol. Eu precisava jogar numa quarta-feira, e ele cismou que eu teria de entregar um trabalho específico naquele dia. Tentei dialogar:

"Você sabe que tenho jogo quarta. Posso te entregar na terça ou, então, na quinta-feira?"

"Não! Tem que ser quarta-feira; caso contrário, te dou zero!"

"Pode dar, então! Mas, saiba, escolhi sua matéria exatamente por você ser irmão de jogador. Achava que você entenderia, por experiência própria, como é dura a nossa rotina."

Nem assim ele desceu do pedestal.

"Tudo bem, professor, pode me dar zero, vai. Serei reprovado, mas esteja certo de que, no ano que vem, não volto a escolher a sua matéria de jeito nenhum!"

Dito e feito. É preciso ter e manter a palavra.

Nunca deixe de estudar

No primeiro ano da faculdade, tive aulas de Fisiologia e Anatomia com um professor chamado Rizzo. Ele tinha sido médico do Fluminense, tratava no clube o meu irmão Antunes e, por consequência, me conhecia desde pequeno. Eu tinha 11 ou 12 anos e ficava conversando com ele na arquibancada sempre que ia às Laranjeiras ver o meu irmão treinar. Sentia que ele gostava de mim.

Quando fiz sua disciplina, descobri que era aquele tipo de professor cuja aula a turma lotava a sala para assistir. Conhecia cada aluno pela fisionomia. Dé, o "Aranha", jogador que defendeu alguns times do Rio e do exterior, certa vez foi fazer prova e ouviu um sermão:

"Ei, vem cá, em quantas aulas o senhor apareceu por aqui?"

Dé, que entrou mudo, seguiu calado.

"Você não veio nunca! Então, me explica como quer fazer essa prova? Pode ir embora, sua nota já está dada, é zero!"

Fui convocado para a Copa do Mundo de 1978 e, por causa da longa preparação na Argentina, perdi inúmeras aulas. Um decreto federal me salvou. Se algum aluno fosse chamado para defender a pátria, a faculdade teria de aliviar as faltas. Dessa forma, me abonaram.

Assim que voltei ao Brasil, meus colegas de turma estavam loucos para saber se eu passaria de ano ou se me passariam por eu ser o Zico. Quando retornei à faculdade, conversei com o Rizzo:

"Doutor, fui convocado. Fiquei fora um tempo servindo à seleção, portanto não pude vir..."

Ele sabia. Por não ter mentido, definiu:

"Zico, você deu sorte de vir hoje, pois viajo em duas semanas. Façamos o seguinte. Sem ser essa semana, na outra, vou te dar quatro provas. Duas na segunda, duas na terça-feira. E você, faz favor, me entrega também esse trabalho aqui..."

Aceitei. Na verdade, não tive escolha.

Quem me levava para a faculdade era um segurança do Flamengo, o Pinheiro. Eu tinha acabado de sofrer uma distensão no adutor da coxa durante a Copa, na partida contra a Polônia, quando fui travado no pé direito pelo Boniek aos dois minutos de jogo. Além do adutor estourado, torci o tornozelo. E, nas provas, teria de descrever a articulação do joelho, medicina pura.

Soube que um dos alunos do Rizzo ia se tornar monitor. Perguntei se ele podia me ajudar. Não sei se era flamenguista ou não, mas ele topou. Me deu aulas particulares das cinco às dez, de segunda a sexta. Até nas quartas-feiras estudei, por estar machucado. O filho do Ivan Drummond, dirigente do Flamengo, cursava Medicina e foi outro que me ajudou bastante. Durante esse período, esbarrei com o Rizzo na faculdade:

"Zico, que bacana! Soube que você está vindo todo dia aqui estudar. Que bom, vejo você realmente interessado."

Ele me aliviou. Tirei sete nas primeiras provas e, para ser sincero, acho que ele "engordou" as minhas notas. Não podia me dar oito ou nove, mas com seis ou seis e meio eu passava. Na última, amaciou tanto que fui bem demais. No final, ao ler meu trabalho, admitiu:

"Estou nesta faculdade há não sei quantos anos, tive muitos alunos, inclusive alguns jogadores, e vou te dizer, todos achavam que você só passaria por ser o Zico. Mas comigo não tem esse negócio, não! Aluno é aluno, e você foi brilhante, até porque sei dos seus compromissos como atleta. Não é fácil trabalhar e estudar ao mesmo tempo. Então, me deixa te dizer uma coisa: eu já imaginava como você era, te conheci garoto ainda, mas não te facilitei em nada, foi tudo mérito teu. Por isso, faço questão de te dar os meus parabéns, por sua postura e determinação."

NÃO É FÁCIL TRABALHAR E ESTUDAR AO MESMO TEMPO.

Nessas horas, eu só pensava no meu pai. Porque ele me liberou para jogar desde que eu continuasse estudando. Ele não tinha orgulho de ser pai do Zico, seu orgulho vinha da educação que deu a cada filho. Seu Antunes nos educou para sermos, antes de tudo, cidadãos. Se viraríamos ou não jogador, quem decidiria seríamos nós, mas ele nos preparou para a vida, e eu me sentia no dever de retribuir. Esforcei-me bastante para ele reconhecer o quanto valeu a pena todo o sacrifício feito.

Quando fui jogar na Itália, ficou complicado seguir estudando até me formar. Tranquei a faculdade. Mesmo assim, anos depois, o CREF, Conselho Regional de Educação Física, reconheceu que eu deveria me formar. Assim foi feito. Mesmo que eu não precisasse mais, por já estar com a vida encaminhada como jogador profissional, consegui o diploma de educador físico.

É indispensável se disciplinar

Como disse, disciplina eu aprendi a ter em casa, com meu pai. Estudava no Rivadávia Corrêa, uma escola municipal que fica no Centro, de frente para o Ministério da Guerra. Tinha feito provas para lá e para o Pedro II, que era mais forte. Antunes fez o Pedro II, e Nando, o Rivadavia. Fui aprovado para os dois, mas via de perto o esforço ferino do Antunes para passar de ano ao mesmo tempo que defendia o Fluminense. Pensei comigo: *O Rivadavia será melhor para mim, já que tenho que treinar todo dia no Flamengo.*

A escola ficava perto de onde meu pai tinha uma alfaiataria, na Uruguaiana. Eu fazia uma caminhada boa pela avenida Marechal Floriano quando saía à tarde do colégio só para vê-lo trabalhar. Depois caminhávamos juntos até a Central do Brasil, onde pegávamos o trem para casa.

Os treinos no Flamengo eram de manhã, na Gávea, mas não todos os dias. Depois de treinar, eu seguia para a escola. Às vezes, quando não havia treino, saía de casa às onze, entrava no colégio ao meio-dia e por volta das cinco o meu pai me pegava. Se acabasse a aula mais cedo, eu corria para a alfaiataria. Posso afirmar que aprendi a ser perfeccionista vendo o velho trabalhar. Ele não admitia que freguês voltasse para reclamar dos ternos.

Observava-o com atenção. Era tudo no giz, na tesoura, e só havia um funcionário a auxiliá-lo, o "seu Antônio". Por sinal, este se casou com a minha prima Ermelinda, quem me apelidou de Zico. Como meu nome é Arthur, me chamavam pelo diminutivo Arthurzinho, em seguida Arthurzico e ela, visionária, fechou com Zico.

Voltando ao trabalho de papai, às vezes chegava um cliente, e ele, ao receber a peça, dizia o seguinte:

"Volte na semana que vem para experimentar."

Na mesma hora, seu Antônio virava o seu Antunes. Assim como papai, também era português e deixava qualquer terno um "brinco". O cliente, ao retornar para pegá-lo, agradecia feliz da vida:

"Está perfeito, nem preciso provar!"

Ouvir isso era do que meu pai mais gostava:

"Quando entrego é de uma vez só. Não quero freguês voltando, menos ainda pra dizer que não ficou bom."

Ele era perfeccionista e, certamente, herdei isso dele. Ficava paralisado, assistindo ao seu capricho em cada peça que lhe confiavam. Tempos depois, quando comecei a treinar sério, percebi que tinha me tornado tão exigente e rigoroso quanto ele. Dedicava-me de forma sobre-humana aos treinamentos, para não ter que ouvir reclamação dos treinadores, e me esforçava mais do que os meus companheiros.

Quando acabava o treino, enquanto meus colegas tomavam uma ducha para deixar o clube, eu fazia questão de permanecer no gramado para me aperfeiçoar. Aprimorava minha técnica com cabeceios, chutes a gol ou batendo faltas. Treinando exaustivamente, tornei-me exímio nesse fundamento.

Por isso afirmo, seja na vida pessoal, profissional ou nos esportes, ==a repetição é uma das chaves para se atingir a excelência em tudo o que nos predispomos a fazer==.

Mais importante que ser jogador é ser cidadão

Meu irmão Edu é considerado o melhor jogador da história do América, um tradicional clube do Rio. Apesar disso, muita gente falava que eu, o seu irmão caçula, viria com tudo. Enchiam o meu saco botando pressão em mim. Comecei a carreira assim, mas tudo bem. Quando você joga mesmo, não tem problema.

Naquele tempo, a gente entrava para o futebol e, se desse certo, maravilha. Se não, paciência. Por isso continuávamos estudando. Não era esse negócio de hoje em dia. É surreal o que vejo de pais forçando os filhos a tentar a sorte como jogador, visando única e exclusivamente resolver os problemas financeiros da família.

Dei sorte de meus irmãos terem sido atletas. Antunes, Edu e Nando defenderam o América. Depois, Nando virou artista, pintor, mas tinha sido o primeiro jogador anistiado do futebol brasileiro. Teve problemas com a ditadura militar, o que trouxe aflições para a família. Contudo, uma família unida sempre supera qualquer adversidade. E as superamos.

> **CONTUDO, UMA FAMÍLIA UNIDA SEMPRE SUPERA QUALQUER ADVERSIDADE.**

Tunico era zagueiro de pelada. Edu, craque com nível de seleção. Antunes foi centroavante campeão carioca pelo Fluminense em 1964 e só não participou das Olimpíadas de Tóquio naquele ano porque meu pai não quis assinar um contrato de gaveta com o clube. A seleção era composta de atletas tricolores. Meu pai enxotou de casa um diretor das Laranjeiras que apareceu por lá botando banca:

"Se você não assinar, não levaremos o seu filho para a seleção."

"Não preciso de vocês para nada. Aqui em casa todo mundo tem é que estudar!"

O velho não era fácil. Por mais que gostasse de futebol, não fazia questão que ninguém fosse jogador. E aturar, dentro do próprio lar, alguém dizendo o que devia ou não fazer, isso ele não aceitava. Herdei dele isso também. Não faço nada que não quero só porque alguém quer que eu faça.

Quando Antunes se tornou jogador, demorou dois meses para avisar ao nosso pai. E, ao prometer que não abandonaria os estudos, seu Antunes lhe permitiu treinar. Depois de formado, pôde seguir carreira, mas abandonou o futebol em 1970, aos 26 anos, por discordar dos métodos do Otto Glória, seu treinador no América. Penduradas as chuteiras, tornou-se professor de Economia na Universidade Gama Filho.

Meu pai tinha cadeira perpétua no Maracanã, mas pouco ligava para frequentar o estádio. Ficava feliz, sim, com o nosso sucesso nos estudos. Só aliviou todo mundo para seguir seus caminhos depois de formados. A gente podia fazer qualquer coisa, mas, em primeiro lugar, vinham os estudos. Depois, respeitar nossa mãe. Caso contrário, descia a *lenha* nos meus irmãos.

Primeiro a obrigação; depois, a diversão

Por ser franzino, com 16 para 17 anos, iniciei um trabalho de fortalecimento muscular com o doutor José Roberto Francalacci. Em 1969, eu media 1,55 metro e pesava 37 quilos. Ou resolvia isso ou teria a carreira abreviada devido ao corpo franzino.

Em setembro de 1970, comecei a deixar Quintino às seis da manhã para treinar no Flamengo. Saía cedinho, pegava o trem, depois um ônibus, treinava às oito e meia e, por volta das onze, ia para a escola. Ao sair, tomava outro ônibus de volta ao Leblon, onde ficava a academia do Francalacci, e seguia o trabalho de reforço muscular por duas horas, três vezes por semana. Normalmente, terminava perto das oito e meia ou nove da noite. Só então retornava a Quintino, ora estudando, ora cochilando, tanto no ônibus como no trem. Chegava morto, às dez e meia ou onze, para dormir que nem um bebê.

Quase fui para o Vasco nessa época. Primeiro, porque o meu treinador se transferiu para São Januário e me convidou. Depois, porque o Flamengo se negava a pagar o meu almoço. Ao saber disso, o diretor de futebol, George Helal, bancou do próprio bolso a minha alimentação. Fez por conta própria, sem tirar um centavo do clube.

Meu pai confiava no Helal. Dali em diante, tudo começou a entrar nos eixos. Encarei árduos trabalhos na academia do Francalacci, dois períodos de três meses com intensidade fortíssima. Precisava ganhar corpo para aguentar as pancadas que receberia. Como ainda não jogava profissionalmente, suportei a maratona. Espichei para 1,66 metro, passando a pesar 53 quilos.

==Tive um senso de responsabilidade incomum para um jovem da minha idade.== Em geral, os meninos contestam, se irritam, alguns desistem, mas segui à risca as determinações. Engordei, cresci, ganhei onze centímetros na coxa, nove no peito e três no pescoço. Com um corpo cheio de músculos, já não me desequilibrava tanto nos treinamentos.

Quando finalmente estreei pelos profissionais, em 1971, aos 18 anos, estava pronto para fazer mais e mais por mim. Queria realizar o sonho de ser jogador. E, graças a todos esses aprendizados, principalmente no seio familiar, consegui me tornar o Zico.

Mantenha bons hábitos alimentares

Primordial foi não ter deixado de manter bons hábitos. Principalmente os alimentares. Jogador gasta muita energia durante jogos e treinos. Se houver prorrogação, então, a carga física chega a ser brutal.

Dormir bem e comer de forma regrada são condicionantes básicos para a formação de um bom atleta. Caso não mantivesse uma vida saudável, sequer conseguiria treinar duro, menos ainda jogar como joguei. Os atletas – ou melhor, todos, incluindo os não atletas – deveriam ter mais cuidado com isso, conscientizando-se de que uma alimentação rica em proteínas, fibras, vitaminas e frutas é o mínimo para manter a musculatura eficiente. Na concentração, fazíamos as refeições de forma balanceada e rigorosamente nos horários corretos.

Futebol é esporte de contato. Alguns, intensos. Por isso a importância da força muscular. Ninguém se machuca facilmente se seus músculos estiverem fortalecidos. É o caso do meu amigo Junior, o "Capacete" ou "Maestro". Por ter se criado no futebol de praia, ele jamais teve lesões graves. Eu, não. Meu corpo era frágil. Se não o modificasse, jamais conseguiria manter uma rotina de jogos e treinamentos rígidos.

Dou muita importância à musculação, por experiência própria. Entrei no Flamengo aos 14 anos para jogar na escolinha, fui titular no primeiro ano e fiquei na reserva pelas duas temporadas seguintes. O motivo? Além de ser mais novo que os demais, era miudinho. O técnico orientou o seu auxiliar a me direcionar para aquele trabalho com o Francalacci, passei a treinar com pesos e fui submetido a uma dieta rigorosa.

Após dois anos de refeições nutritivas e balanceadas, além dos extenuantes exercícios de musculação, com o corpo musculoso não mais perdia disputas com zagueiros, apenas se cometessem falta. Fora isso, minha técnica resplandeceu.

Não basta ter talento, é necessário se preparar

Como já contei, acabava o treino, eu nem ia para o vestiário tomar banho para ir embora. Ficava cobrando faltas, às vezes sem iluminação suficiente. Queria chegar à excelência, quem sabe à perfeição.

Nos jogos, os zagueiros temiam cometer faltas. Volta e meia, eu os driblava e fazia o gol, mas, se me parassem, estava calibrado e confiante para bater. E não aceitava dividir cobranças com aventureiros que sequer haviam treinado a meu lado na semana. Se ensaiassem, talvez até permitisse, mas quem nunca treinou nem adiantava chegar perto.

É difícil alcançar a perfeição, mas não a excelência. Aprendi isso, como falei, vendo o meu pai. Seu perfeccionismo me fez bem. Tanto que, no momento em que senti que poderia me apurar em tudo, e não apenas nas cobranças de falta, dediquei-me a ir além.

É DIFÍCIL ALCANÇAR A PERFEIÇÃO, MAS NÃO A EXCELÊNCIA.

Deixo aqui o meu muito obrigado a quem foi mais do que especial na minha formação. Joubert, meu técnico no juvenil, que defendeu o Flamengo entre os anos de 1950 e 1960. Ele pedia para a gente se esforçar ao máximo em tudo. Passes, por exemplo, eu dava cem ou duzentos, sem direito a errar. Ele insistia nisso e tirava o nosso *couro* nos trabalhos de fundamentos. Mais tarde, tive a felicidade de trabalhar na seleção com Telê Santana, outro mestre exigente. Ele entendia que, quanto mais seus atletas estivessem bem no plano individual, mais contribuiriam para o coletivo.

No tempo em que defendi os juvenis, Joubert nos forçava a chutar de direita e de esquerda. Tínhamos que acertar uma tabuleta na barreira móvel que continha, na parte de cima, números de 1 a 4, e abaixo, 5 a 8. A gente se preparando para começar, ele berrava:

"Quero dez bolas no número 6!"

Eu só tinha direito a acertar os números 4, 1, 8 e 5, ou seja, os cantinhos. A repetição era desumana. Batia e acertava, ok. Ele mandava outra e ai de mim se não acertasse o alvo novamente.

Meu irmão Antunes me ensinou a chutar cruzado em casa. Dessa forma, segundo ele, eu dificultaria a vida dos goleiros. Que bom ele ter me passado isso! Falei do Joubert e do Telê, mas não posso me esquecer do Antunes. Esses três foram fundamentais para que eu viesse a me tornar quem sou.

DENTRO E FORA DE CAMPO

- Respeito é a base de qualquer parceria de sucesso.
- Aprender com a experiência dos mais velhos é um dos mais valiosos ensinamentos da vida.
- Comprometimento é o primeiro passo para alcançar o que se deseja.
- Estudo e conhecimento nunca são demais.
- Nem sempre será fácil.
- Disciplina, determinação e responsabilidade levam à excelência.
- Talento não é o suficiente para alcançar a excelência.
- Ética e valores são mais importantes do que o jogo.
- Um treino a mais significa muito mais do que só mais um treino.
- Bons hábitos e rotina garantem que o seu trabalho seja realizado com excelência. Não os menospreze.
- Inspire-se naqueles que vieram antes de você.

CAPÍTULO 2

Líderes com paixão me transformaram em um profissional de alto nível

(Flamengo – 1971/1974)

GRAÇAS A UM LÍDER COMPLETAMENTE APAIXONADO POR futebol, pude me transformar em um atleta de alta performance. Aliás, passei por grandes comandantes, mestres na acepção da palavra que me fizeram chegar aonde cheguei. Uns foram meus companheiros dentro de campo, veteranos que me ensinaram a me posicionar, deram macetes de como eu deveria me comportar ou informaram de que forma agir em determinadas situações.

Tive também excelentes líderes fora das quatro linhas. Treinadores que eram vistos por muita gente como chatos, mas que queriam apenas que entendêssemos que se esforçar ao máximo era o mínimo que a nossa profissão exige. Eles também eram incrivelmente apaixonados pelo que faziam. Com o tempo, entendi que, no momento em que o líder perde essa paixão, perde junto a capacidade de orientar o seu grupo. E isso não acontece só nos esportes, mas também na vida pessoal e na profissional.

O que fazer para alcançar certo status?

Tenho uma trajetória longa no futebol, acumulei inúmeras experiências durante décadas de atuação. Hoje sei que a minha importância foi maior fora do que dentro das quatro linhas. Muita gente absorveu o que procurei transmitir, seja como jogador, técnico, coordenador, presidente de clube, do sindicato de atletas, seja agora que virei consultor do Kashima Antlers, clube japonês que ajudei a se desenvolver. E isso se deve a minha conduta e postura como profissional.

Qualquer ser humano tem problemas. Nós, profissionais da bola, temos alguns a mais. Por ser o futebol um esporte de contato, sofremos o tempo inteiro. Tive várias complicações no joelho, fiz cirurgia até no braço e, em fevereiro de 2022, aos 68 anos, precisei colocar uma prótese no quadril. A torcida vibrava com as faltas que eu batia, mas devido a elas pago um preço caro. No entanto, graças a minha disciplina e determinação, quando surge uma adversidade, trato de traçar objetivos claros e consigo reverter os obstáculos, recuperando-me em tempo recorde.

Se hoje caminho normalmente, jogo minhas peladinhas e levo uma vida saudável, devo ao que vivi e passei no esporte. Inclusive, ter me tornado líder foi questão de aprendizado. Tive a sorte de trabalhar com gente que me deu totais condições de construir uma carreira de sucesso. Tenho agora satisfação de poder passar adiante o que aprendi, transformando a vida de outras pessoas.

Perante um grupo, independentemente da posição que ocupe, da empresa em que trabalhe ou da atividade que exerce, o líder precisa ter autoridade para comandar ou coordenar pessoas. Suas ações e palavras exercem forte influência sobre o pensamento e o comportamento de todos ao seu redor.

Dois ex-jogadores e treinadores foram fundamentais para o meu desenvolvimento como líder: Paulo César Carpegiani e Telê Santana. O primeiro me passou muito da sua experiência em relação ao que é estar dentro de um campo profissionalmente. Fora dele, ninguém me ensinou mais que Telê. Ele privilegiava a qualidade técnica do jogador, a arte, a lisura, a obediência, o esquema tático, enfim, todos os ingredientes de um bom espetáculo.

Ao chegar ao Flamengo, Carpegiani me orientou com paciência quanto aos setores do gramado onde eu mais poderia aparecer, resolver ou ajudar o time. Sabia extrair, principalmente dos mais jovens, o que queria de cada um.

Quanto ao Telê, realmente, ele era um disciplinador. Rigoroso, vinha de outra cultura do futebol. Seríssimo, sabia ser justo. Ainda tinha uma qualidade essencial: queria que buscássemos a perfeição. Telê exigia o máximo do atleta, principalmente quando percebia que o jogador tinha condições de dar retorno. Pegava no pé, chegava a ser ranzinza, e, se reclamassem, ele era pior. Eu, por exemplo, se chutasse dez bolas a gol e fizesse nove gols, sei que ele se lembraria apenas da que não entrou.

"Mas, seu Telê, fiz nove dos dez…"

"Não interessa! Você tem que fazer os dez!"

Era melhor ficar quieto e tentar de novo. Caso prosseguisse na reclamação, ele não sossegava, perturbava mesmo. Quando entendi que nunca mudaria, calcei as sandálias da humildade:

"Prometo que da próxima vez faço os dez, seu Telê. Aquela que errei, perdão, é que pegou mal aqui no meu pé…"

"Ok, segue o barco então."

Essa é uma conduta que recomendo que você siga em seu campo de atuação. O líder está ali para te ajudar a se desenvolver, ele quer o melhor para você e para o time. Desenvolva valores que somem para a sua vida profissional e invista na sua melhoria constante. Você verá que valerá a pena.

Se o líder acredita em você, não duvide de si mesmo

Em 1986, às vésperas do embarque para a Copa do Mundo, nosso lateral Leandro resolveu desistir da competição. Telê convocou às pressas o Josimar, jogador do Botafogo que acabaria brilhando no Mundial. O que poucos sabem é que, por causa do próprio treinador, Josimar quase retornou ao Brasil antes de se consagrar no México.

Durante os treinos, o técnico se esmerou para colocar o Josimar nos trinques. Quando ele cruzava para a área, ouvia cada grito...

"Treina mais, meu lateral! Vê se cruza ao menos uma direito!"

A uma semana do início da Copa, nosso meio-campo Alemão, angustiado, me chamou num canto:

"Zico, preciso da sua ajuda. Josimar está no quarto dele com as malas prontas pra voltar ao Brasil."

Perguntei o motivo.

"Ele não aguenta mais o Telê. Fala que está exigindo demais dele, disse que vai embora de qualquer jeito."

Fomos até o quarto dele.

"Poxa, Josi, por que isso?"

"Não suporto mais aquele homem, Zico. Ele só dá bronca em mim, não reclama de mais ninguém, só comigo."

"Vem cá." Repousei minha mão em seu ombro, com carinho. "Eu conheço bem o Telê. Trabalho com ele há seis anos na seleção e posso te garantir uma coisa: ele é assim mesmo, perfeccionista. Imagina se você estivesse treinando, errando pra cacete, e o cara não estivesse nem aí pra você. Fala sério, você teria certeza de que ele não conta contigo, não é?"

Josimar mal piscava.

"Mas se ele está te olhando, repara o tempo todo em você, pelo que conheço do homem, é porque você interessa a ele. Caso contrário, ele te largava de mão, deixava você pra lá e convocava outro. Ele só quer te ver melhorando dia após dia, Josi."

"Porra, Zico, não faz sentido..."

"Deixa ele falar o que quiser! Segura a tua onda, amigo! Se o que ele te manda fazer é coisa boa, no fundo, quer ver o seu melhor."

Continuei:

"Telê deseja que você melhore individualmente. Faz o que ele pede e deixa o homem falar o que quiser. Segura a tua onda, amigo! Não retruca, vai ser pior. Se o que ele te mandar fazer é coisa boa, no fundo, quer ver o seu melhor. Fica com a gente, você está bem demais, tá voando!"

É preciso saber lidar com o outro. Josimar me ouviu com atenção e, aos poucos, começou a se acalmar:

"Você realmente acha isso, Zico?"

"Acho! E, veja só, estou aqui todo ferrado, acordo às seis da manhã pra ficar três horas na academia fazendo musculação e não reclamo. Então, me explica, você quer ir embora só porque o cara te azucrina por cobrar mais de você? Pensa bem, cara, raciocina!"

É PRECISO SABER LIDAR COM O OUTRO.

Ele ficou conosco. E o que aconteceu? No terceiro jogo da primeira fase, contra a Irlanda do Norte, entrou como titular e meteu um lindo gol de fora da área. Na partida seguinte, pelas oitavas de final, saiu enfileirando os poloneses e fez outro golaço. No vestiário, mexi com ele:

"Tá vendo? Você estaria a essa hora no Brasil, vendo a gente pela televisão!"

No final, Josimar foi eleito o melhor lateral da Copa. Pergunto: quem estava certo, ele ou Telê?

Pergunte-se isso na sua vida profissional também. A pessoa que está ali pegando no seu pé e te azucrinando a paciência na maioria das vezes quer te ver melhorar, tirar o melhor de você. É o jeito dela de te dar um empurrãozinho.

Aprendendo enquanto o momento não chega

É uma dádiva ter ao lado quem pode te ajudar a se superar ou melhorar em algo. Felizmente, contei com pessoas que me ensinaram muito, me corrigindo ou indicando caminhos. Graças a elas, pude, mais tarde, dar a minha contribuição, ajudando outros atletas que precisavam ter noção de tudo o que aprendi.

Meu irmão Antunes era exigente. Reclamava quando eu perdia gols até nas peladas. Certa vez, Edu brigou com ele. Disse que eu tinha jogado bem e que ele não devia ficar me infernizando.

"É pra ele se esforçar um pouco mais, Edu. A gente sabe do que o Zico é capaz."

Por ter esses dois irmãos, que jogaram futebol em grande nível, desde pequeno vivi esse ambiente de perto. Quando comecei a fazer sucesso, fama não significava muita coisa para mim. Nunca deixei o sucesso subir à cabeça. Encarava como algo natural, até porque estava apenas executando o meu trabalho. Meu dever era fazer o melhor para o clube. No caso, o Flamengo.

Poucos jogadores têm o que tive, exemplos dentro de casa. Antunes me corrigia e ensinava a fazer certos movimentos. Dizia de que forma eu tinha que pegar na bola. Nunca me esqueci de como marcar a maioria dos gols que me especializei em fazer por ter aprendido, na prática, com ele.

Meu primeiro grande líder dentro de campo foi o zagueiro Luiz Carlos, campeão carioca conosco em 1974. Eu estava despontando no time e, ao chegar do Corinthians, ele demonstrou ser um baita capitão. Cuidava de nós no Flamengo, queria saber como cada um estava, se havia problemas na vida pessoal. Conversava bastante tentando entender por que um ou outro não vinha rendendo.

Era um zagueiro durão, mas de uma educação impecável na hora de falar com a arbitragem. Aprendi a ser assim com ele e, depois, com o Carpegiani. Levei adiante esses aprendizados até me tornar capitão. Contudo, meu amadurecimento no futebol se deve mesmo ao Joubert, o primeiro a me fixar como titular na minha verdadeira posição.

A oportunidade surgiu quando mudaram o técnico do time principal. Em 1974, Zagallo reassumiu a seleção, e Joubert o substituiu.

Por ter me treinado no juvenil, sabia o que eu podia fazer. Passou a me colocar direto nos jogos. Assumi minhas responsabilidades e, para atender às suas expectativas, dei o melhor de mim em cada treino, cada jogo. Marquei gols, decidi partidas, o que aumentou gradativamente a minha confiança. Naquele ano, em 65 jogos fiz 49 gols, um recorde para o clube.

Não fosse Joubert, talvez minha longa carreira no Flamengo nem chegasse a acontecer. Poderiam ter me negociado. Sem dúvida, ele foi o primeiro líder que tive fora de campo. Comandava com paixão, não desistia nunca, ensinava com paciência ou dava broncas tendo em vista o bem de alguém. Ainda ficava extremamente feliz quando executávamos o trabalho da forma certa. ==Todo líder precisa ter essa chama ardente no coração.==

Não posso me esquecer também do Modesto Bría. O paraguaio era turrão, mas do bem, uma figura excepcional. Tem uma história boa de quando fui apresentado a ele no Flamengo. O radialista Celso Garcia, ciente de que eu estava quase me transferindo para o América, por causa do meu irmão Edu, resolveu me levar para a Gávea quando eu tinha 14 anos, em setembro de 1967. No entanto, fomos no dia errado. Era treinamento dos jovens de até 17 anos, mas ele cismou que eu devia treinar.

Fiquei na minha, escondido num canto. Olhava atentamente para aqueles meninos enormes, até que o Bría se aproximou:

"Você me falou que ia trazer um garoto aqui, cadê ele?"

Celso apontou para mim. O velho saiu do sério:

"Você tá de brincadeira, né? Só pode! Isso aqui não é berçário, não!"

Celso se aborreceu e precisei acalmá-lo. Estavam a ponto de sair no braço. No final, tudo deu certo. Seu Bría me deixou treinar um pouco e, verdade seja dita, mal peguei na bola. Não conseguia! Dei sorte que aqueles jovens estavam morrendo de medo de me machucar. Tinham mais corpo que eu. No dia seguinte, treinando com os meninos da minha idade, mostrei o meu valor.

Depois que me tornei titular do time principal e comecei a fazer relativo sucesso, o fanfarrão do Celso Garcia fez o maior estardalhaço com essa história:

"Quando levei Zico pro Flamengo, no primeiro treino ele deu balão, meteu caneta nos mais velhos, fez dois gols e mais isso e aquilo…"

Como ninguém presenciou aquele treino, essa mentira, com o tempo, virou lenda. O que vale é que entrei no clube, treinei forte e, ao chegar à categoria que o Bría comandava, fomos juntos campeões juvenis. Depois o futuro se encarregou de traçar o meu destino.

Outra peça importante na minha formação como líder foi o Sócrates. O Magrão era superprofissional, pena que jogou pouco tempo. Não por ter se formado em Medicina, mas devido ao alcoolismo.

Essas pessoas foram maravilhosas para mim. Graças a seus exemplos, ganhei base para me desenvolver e chegar aonde cheguei. Por isso, olhe ao seu redor, reconheça quem são aqueles em que você pode se inspirar, os que podem te dar uma mãozinha quando necessário, os que estão dispostos a te ouvir e ajudar nos momentos de necessidade. É preciso ter uma cabeça boa para se dar bem na carreira, por isso valorize todos que te estendem a mão.

Os três tipos de liderança

Temos vários tipos de líderes, mas eu costumo classificá-los em três grupos. Os que nos inspiram, os que orientam, os que sabem ouvir, os que pensam o tempo todo no coletivo e aqueles que se sentem responsáveis pelo grupo inteiro. Essas qualidades são as mais importantes que um líder precisa reunir.

Há diversas maneiras de ser líder, mas apenas três tipos de liderança: o líder técnico, o paternal e o motivador. Costumo fazer a separação tendo como base os treinadores que tive.

PERFIS DE LÍDERES

TÉCNICO	PATERNAL	MOTIVADOR
Inovador, não teme experimentar o novo.	Preocupado, procura conhecer a história de cada jogador.	Acredita que o melhor do ser humano pode ser descoberto com incentivo e elogio.
Rompe com o tradicional.	Focado em solucionar os problemas que a equipe enfrenta fora do trabalho, com o objetivo de conquistar melhor desempenho em campo.	Determinado a atingir a excelência, mostra que sempre há um caminho para aprimorar o resultado, mesmo que ele já esteja bom.
Didático, cobra por aquilo que apresenta à equipe.	Acolhedor, sempre apresenta uma palavra de entusiasmo no fim de cada tarefa.	Otimista, procura sempre mostrar que é possível melhorar.
Foca os resultados.	Para ele, o resultado é importante, mas não está acima do bem-estar de cada liderado.	Em suas palavras, treino bom é treino bem-feito.

Como **líder técnico**, cito Cláudio Coutinho. Ele trouxe para o Flamengo um avanço tático impressionante, mostrou como se posicionar, o que é melhor em termos de formação de equipe, criou inovações e apresentou ao Brasil métodos modernos, como o *cooper*, exercício que muita gente faz até hoje.

Quem visse os seus treinos acharia loucura. Sua metodologia rompia com o tradicional. Algumas vezes, ele nos reunia em um círculo e fingia que um de nós era a bola. Soa ultrajante, mas esse artifício nos ajudou a nos posicionar da forma como ele queria, exercendo pressão no campo adversário. Nos jogos, sabíamos perfeitamente o que fazer.

Em relação a **líder paternal**, outro paraguaio, Fleitas Solich, foi fundamental na minha trajetória. Ele havia lançado Dida, meu maior ídolo, no Flamengo. Dida chegou à Copa do Mundo da Suécia, em 1958, como titular do Pelé.

Solich adorava revelar jovens. E me lançou como profissional em 29 de julho de 1971. Acabei marcando o meu primeiro gol pelo time principal contra o Bahia, em Salvador, dias depois, em 11 de agosto.

Hoje em dia, reclamam que há excesso de treinadores estrangeiros no Brasil. Se me perguntam, sou favorável. Soaria contraditório caso reclamasse. Afinal, graças a um deles pude dar os meus primeiros passos no time principal.

Tive o prazer de trabalhar também com Oswaldo Brandão. Era outro que também procurava saber tudo sobre nós. Buscava entender o nosso núcleo familiar, queria saber se o jogador estava bem ou se passava por problemas extracampo. Preocupava-se por querer ver todos detonando nos treinamentos para arrebentar nos jogos. Foi o primeiro a me convocar para a seleção principal.

Quanto a **líder motivador**, menciono, além do Joubert, meu irmão Edu. Ambos lideravam incentivando o pessoal aos gritos:

"Vamos, vamos! Sei que vocês podem, sei que vai dar, vocês vão conseguir! Todos são bons, só precisam treinar mais. Trabalha, gente, que vai dar tudo certo no final! Faz o que estou pedindo, que dentro de campo vai sair tudo direitinho. Bora, pessoal, força!!!"

O jogador saía da preleção tinindo, acreditando plenamente na sua capacidade.

Tive vários outros professores, mas falei destes por terem sido os que mais me deram subsídios para eu me tornar treinador. Aliás, jamais havia pensado em ser técnico. Quando apareceu a possibilidade, no Japão, a mosca azul me mordeu de tal forma que jamais larguei o mundo do futebol.

Por isso, é bom ter pessoas que te inspiram e te mostram o profissional que você pode ser. E, quando chegar lá, já terá uma boa ideia do que funciona melhor para você e para a equipe.

Ser apadrinhado ajuda

Joubert nos levava à exaustão. Treinávamos cabeceios e chutes a gol até não aguentarmos mais. Ele pegava os destros e os fazia dar passes de esquerda. Quanto aos canhotos, ensinava-os a bater de direita. Isso me fez bem. Inclusive, com ele passei a treinar mais as cobranças de falta. Batia, em média, entre sessenta e oitenta, duas vezes por semana, além de dez a vinte pênaltis. Ainda avisava ao goleiro onde ia pôr a bola, aumentando de propósito o meu grau de dificuldade.

Em fevereiro de 1974, durante uma excursão a Goiatuba, Goiás, marquei meu primeiro gol dessa maneira como profissional. Fiz outro no jogo seguinte, contra o Corinthians. Nosso goleiro Renato me incentivava ao treinar comigo após o horário. Às vezes eu também pedia ajuda ao terceiro ou quarto goleiro, que acabavam não tendo muita oportunidade de entrar nos jogos. Quando ninguém podia, eu mesmo puxava uma barra móvel, colocava uma camisa em cada ângulo e tentava acertá-las.

Vivi com meus irmãos seus melhores e piores momentos no esporte. Ao crescer nesse meio, entendi que precisava aperfeiçoar o dom que Deus me deu. Até porque, no momento em que você começa a ficar conhecido, passa a ser mais visado. E para superar marcações fortes é preciso ter na manga planos B, C e D: dribles, chutes, saber cruzar, improvisar com criatividade.

AO CRESCER NESSE MEIO, ENTENDI QUE PRECISAVA APERFEIÇOAR O DOM QUE DEUS ME DEU.

Tricampeão do mundo em 1970, Paulo Cézar Lima, o Caju, quando jogou comigo, no Flamengo, foi dos que mais me protegeram:

"Você não vai pra farra com a gente, não, Zico! Vai ficar aqui!"

"Pô... todo mundo na rua e só eu não posso?"

Hoje entendo a razão pela qual ele me prendia no hotel. Era preciso renunciar a muitas coisas naturais à minha idade. Nada de cigarro, bebida, vícios ou más companhias. Agradeço, e muito, a ele.

Seu irmão Fred, além de outros colegas, como Arílson, Liminha e o goleiro Renato, também me protegiam. Aprendi com eles que podíamos fazer tudo, desde que moderadamente. Se iniciasse uma rotina de forma errada, acabaria me viciando em situações que me fariam muito mal no futuro.

Na vida profissional você vai ter que sair da caixinha às vezes, e nem preciso dizer que vai ter de se esforçar muito para alcançar a excelência e se destacar. Para conseguir isso, conte com aqueles que estão dispostos a ajudar.

Paciência para esperar a hora de explodir

Muitos pensam que Zagallo me atrapalhou ou fez com que eu demorasse a explodir no futebol. Não vejo assim. Ele sempre foi correto comigo e entendo o que pensava a meu respeito. O que aconteceu foi o seguinte: Solich havia me colocado no time principal em 1971. Joguei de agosto a novembro como centroavante titular, usando a camisa 9. De tão bem, eu, Fred e Aloísio fomos convocados para a seleção pré-olímpica. Viajamos para a Colômbia e ganhamos o torneio. Inclusive, marquei contra a Argentina o gol que nos classificou para os Jogos de Munique.

Até a ida para o pré-olímpico, eu era o titular da 9, porque a 10 revezava entre Fio Maravilha e Samarone. Curtimos as férias, raiou 1972 e, nisso, Solich saiu para a entrada do Zagallo. Quando os treinamentos recomeçaram, nos primeiros dias ainda fizemos testes com o "Velho Lobo". Passado um tempo, ele me chamou:

"Zico, a meu ver, você foi lançado prematuramente. Não mantenha esperanças de que eu vá contar contigo. Acho você muito jovem, mas se quiser treinar conosco pode vir."

Respondi que treinaria, sim. Ao mesmo tempo, o argentino Doval, ídolo da torcida, retornou ao clube. Ficou mais difícil para mim. Eu não tinha contrato assinado, apenas um compromisso segundo o qual ganhava uma ajuda de custo. O valor dava somente para as passagens. Conseguia ir ao Flamengo todos os dias, mas trocava de roupa e não fazia nada. Passei janeiro e fevereiro sem treinar uma vez sequer com o grupo principal.

Técnico da seleção pré-olímpica, Antoninho me mandou a real:

"Zico, se você não joga, eu não posso te convocar. Não adianta apenas treinar. A Olimpíada será em agosto, então, me diz, como vai ser?"

"Antoninho, tenho ido ao clube todo dia, não tenho culpa…"

"Entendo. Mas, por acaso, você aceitaria voltar a jogar pelos juvenis? Atuando, você entra de novo em forma e poderei te chamar."

"Claro! Desde que não me tirem a remuneração das passagens."

==Não fiquei chateado por ter atuado pelo time principal e precisar voltar para a base. No fundo, queria jogar, competir.== Como ainda tinha idade, desci para a categoria de baixo e atuei em alto nível. Voltamos a ser campeões e faturei de novo a artilharia.

Não desanime quando seus planos não saírem conforme o esperado, às vezes é só preciso reajustar a rota.

Foi uma fugaz felicidade, perto da decepção que estava por vir.

DENTRO E FORA DE CAMPO

- Espelhe-se nos seus líderes, mas descubra qual é o seu perfil de liderança.
- Aprenda com os mais velhos. Eles sempre têm algo a nos ensinar.
- Paciência, resiliência e treinamento são ingredientes para o sucesso, mas nem sempre receita de vitória.
- Sucesso e fama não são a mesma coisa. Nunca deixe os seus valores de lado por conta da fama.
- Você só pode ser você mesmo. É impossível ser igual aos outros; por isso, não se compare: aprenda com os outros.
- As oportunidades aparecerão na sua vida, esteja preparado para não perder a chance de mostrar o seu trabalho.
- Experiência vem com tempo, não com pressa.
- Retroceder não é perder. Ao contrário, muitas vezes é preciso dar um passo atrás para avançar dois no futuro.

CAPÍTULO 3

Os segredos por trás de um líder

(Flamengo – 1972/1976)

EM 1972, DISPUTEI OITO PARTIDAS DO ESTADUAL PELOS PROfissionais. Nenhuma desde o início, sempre entrando no finalzinho. Contudo, continuava treinando com os juvenis. Sendo que no juvenil eu não precisava provar mais nada para ninguém.

E o pior nem foi isso...

Por que quase desisti do futebol?

Quando saiu a lista com a convocação final para os Jogos Olímpicos de Munique, em maio, meu nome não foi relacionado. Ora, fiz tudo que Antoninho pediu, inclusive o gol que nos levou para as Olimpíadas, mas na hora da convocação ele não me chama?

Fui treinar normalmente na Gávea. Assim que entrei no gramado, o técnico falou para mim, com ar de tristeza:

"Que sacanagem fizeram contigo, hein?"

"O que houve?"

"Não está sabendo? Ué, você não foi convocado!"

"O quê? Não fui?"

"Não..."

"Tá de sacanagem!"

"Não estou, não, Zico."

"Então, tá certo..."

Só fiquei me lembrando dos meus irmãos. Como já contei antes, Antunes perdeu as Olimpíadas de 1964 porque meu pai não assinou aquele contrato "de gaveta". Em 1969, Edu foi eleito o melhor jogador do país e, com todo respeito ao Roberto e ao Dadá Maravilha, estava em melhor fase que os dois. Roberto até entendo, era bom jogador, e Zagallo o conhecia por ter treinado o Botafogo. Mas não era melhor que Edu. Meu irmão deveria ter sido tricampeão do mundo, na Copa de 1970.

Retirei o uniforme e corri para casa. Quando meu pai chegou, avisei:

"Não quero mais jogar futebol. Não vou voltar nunca mais pro Flamengo. Aconteceu isso agora comigo, e o senhor lembra que foi igual com Antunes e com Edu. Não quero passar por isso de novo, nem sofrer por essa merda. Prefiro continuar estudando."

Revoltado, fiquei quinze dias em casa. Até que Edu e Antunes me chamaram na chincha:

"Zico, você não está prejudicando a seleção. Aquele pessoal está cagando pra você. Você está prejudicando o Flamengo, que abriu as portas e te deu todas as oportunidades. Parando de jogar, você só vai prejudicar o Flamengo, que não tem nada a ver com a história."

Ouvir isso de quem já tinha sofrido na pele situações semelhantes me fez refletir:

"Irmão, faz um favor, então. Liga pra Gávea e pergunta se me querem de volta."

Queriam. Retornei a jato.

Nos piores momentos, levante a cabeça

Passada a decepção com a não convocação, voltei a levar a minha vida normalmente. Treinei forte à espera de novas oportunidades. Em 1973, eu e Jayme subimos de categoria. Até descemos depois para a base, com o fim de disputar as finais contra o Vasco. Fizeram uma melhor de três e ganhamos as três partidas. Na Gávea, marquei outra vez o gol do título.

Retornamos para o elenco principal. Particularmente, estava tão bem que até Zagallo mudou em relação ao que pensava de mim. Passei a ser o seu principal reserva. Do meio para a frente, eu entrava em qualquer posição. Pude participar de 52 das 72 exibições do time no ano. E no dia 23 de setembro marquei o meu primeiro gol no palco sagrado do Maracanã.

Era um Flamengo × Vasco com mais de 100 mil pagantes. Esse gol nasceu porque, no último minuto do primeiro tempo, ninguém quis bater um pênalti. Paulo Cezar Caju, Rodrigues Neto e Doval cobravam bem, mas tinham desperdiçado jogos antes. PC avisou de longe que não bateria. Ninguém aparecia para cobrar. Firme, Fred saiu da zaga e, pelo braço, me puxou à marca da cal:

"Bate logo essa porra!"

Como Zagallo nada disse do banco, ajeitei a bola, cobrei e fiz. Dali em diante, se houvesse pênalti, eu batia. Logo assinaram o meu primeiro contrato como profissional.

Quando Zagallo retornou à seleção e Joubert assumiu, no primeiro coletivo ele não me pôs entre os titulares. Escalou o ataque com Rogério, Afonsinho, Dario, Doval e Paulo Cezar Caju. Fiquei com raiva ao receber a camisa dos reservas. Estava doido para jogar uma pelada em Quintino, mas na mesma hora havia coletivo na Gávea. Chateado, fui para o fim da fila. Ao me ver revoltado, o atacante Arílson me aconselhou:

"Não faz isso, Zico, treina direito..."

Acredito que Zagallo deve ter pedido a Joubert para começar com aquela formação, e agradeço ao Arílson por ter me dito algo que me abriu os olhos, mudando a minha forma de encarar aquela situação: "Estou aqui, Zico, e quem joga na minha posição é o Caju. Como posso pensar em ser titular? Temos que treinar, pois sempre aparece uma oportunidade. Sempre!"

Esse conselho reacendeu o meu espírito de vencedor. Estraçalhei no coletivo, a ponto de Liminha reclamar comigo:

"Moleque, deixa de graça na minha frente senão te dou uma porrada!"

"Ah, é? Pode dar, então, vem!!!"

Ganhamos, com direito a dois gols meus. Na quarta-feira, abrindo a temporada, faríamos um amistoso contra o campeão nacional da antiga Iugoslávia. O adversário era forte, base da seleção que jogaria a Copa de 1974.

Marcaram outro coletivo para a segunda-feira que antecedia ao jogo. Antes de entrarmos no gramado, Joubert me chamou. Olhos nos olhos comigo, Dario e Doval, foi curto e grosso com os três:

"Daqui pra frente, o Zico é titular."

Virou-se para eles:

"Vocês dois vão disputar a posição de centroavante."

Nossa Senhora! Dario era tricampeão do mundo, estava no grupo de 1970, e Doval era o ídolo máximo da torcida. Que responsabilidade!

No jogo, ganhamos de três, dois gols meus. Depois disso desencantei, marcando um atrás do outro. Ficou ruim para o Doval e para o Dario, mas fazer o quê?

Sempre analisava os times e as jogadas que os nossos principais adversários faziam. Desde cedo, procurei aperfeiçoar as minhas estratégias para eventualmente surpreender. Mas nem sempre as coisas acontecem conforme o planejado.

Desperdicei um pênalti na final da Taça Guanabara de 1976, diante de mais de 133 mil torcedores no Maracanã. Era a nossa última cobrança. Se fizesse, o Flamengo seria campeão. O Vasco marcou em seguida, e Geraldo também perdeu. Nosso título escapou e a bomba, claro, estourou no meu colo.

Fui imaturo, não me concentrei direito. Devia ter mudado o estilo, mas cobrei como estava acostumado. Pequei pelo excesso de confiança. Depois de tanta correria, prorrogação, cento e vinte minutos de um jogo intenso, com as pernas debilitadas, ficar cansado é inevitável. Eu devia ter chutado forte, mas bati colocado. Com a responsabilidade ampliada após a minha falha, Geraldo perdeu o dele, e saímos desolados.

Se perco e o time ganha, todo mundo esquece. Futebol é vitória. Mas não adianta chorar pelo leite derramado. Fiquei triste pela derrota, claro, e devido ao bom trabalho não ter sido recompensado, mas não por ter errado aquele pênalti.

SE PERCO E O TIME GANHA, TODO MUNDO ESQUECE. FUTEBOL É VITÓRIA.

É imprescindível levantar a cabeça quando o mundo parece desabar. Nada como um dia após o outro. Ainda mais no mundo do futebol. E leve essa lição também para a sua vida profissional. É necessário ter garra, ser criativo, manter os pés no chão e se preparar muito para voltar para o jogo com tudo.

Liderar pelo exemplo

Quanto à minha importância fora de campo, meu jeito de ser e meus atos fizeram muita gente repensar a forma de encarar a profissão. Certa vez, o zagueiro Mozer, já de roupa trocada ao fim do treino, saiu do vestiário. Enquanto caminhava rumo ao carro, reparou que eu seguia em campo treinando faltas. O que fez? Vestiu de novo o uniforme, amarrou as chuteiras e, envergonhado, aproximou-se de mim para treinar. Com o tempo, tornou-se excelente cobrador.

Isso é liderar pelo exemplo. Quando digo que tinha hora para chegar, mas não para sair, é que muitas vezes permaneci no gramado, mesmo ao término das atividades, para me aperfeiçoar nas faltas, nos pênaltis e em finalizações, cabeceios e cruzamentos. Às vezes, chamava o centroavante e ensaiava jogadas de infiltração que os deixariam frente a frente com os goleiros. Que nem aquela bola que enfiei para o Junior marcar o nosso terceiro gol contra a Argentina, na Copa de 1982. Ou as duas que dei para o Nunes fazer seu nome na final do Mundial, aqueles 3 × 0 sobre o Liverpool, em 1981.

==Sempre procurava treinar um pouco mais, à parte. Não apenas porque sabia o que poderia fazer, mas por compreender o que todos, técnico e companheiros, esperavam de mim.==

Se é difícil alcançar a perfeição, que se busque a excelência. Quando senti que poderia me aprimorar em tudo, compreendi que, ==quanto melhor estivesse individualmente, mais contribuiria para o coletivo==. Mesmo sendo uma estrela, mantive a humildade para poder dar o exemplo. Queria que os outros vissem que se eu, que teoricamente não precisava, agia de tal forma, por que fariam diferente?

SE É DIFÍCIL ALCANÇAR A PERFEIÇÃO, QUE SE BUSQUE A EXCELÊNCIA.

Como líder, eu apresentava um comportamento exemplar no dia a dia. Dedicava-me de corpo e alma à profissão. Se tivesse que dar quarenta chutes e, na sequência, cinquenta cabeçadas, cumpria à risca, sem reclamar. Entendia que aquilo me polia. Somente assim, um profissional evolui. Aos poucos ganha status e, mais do que isso, o respeito dos companheiros, do treinador, dos dirigentes e da torcida. Assim como dos colegas de trabalho, da chefia, dos colaboradores e dos clientes.

==Eu precisava entender a cabeça de cada companheiro, por mais que estivesse errado.== Certa vez o Júlio César "Uri Geller" bateu uma falta que era para eu ter cobrado. Sorte a dele ter marcado o gol. Estava 6 × 1 para nós, seis gols meus, quando houve esse lance perto da lateral. Eu não chutaria, levantaria na área. Ajeitei, tomei distância, nisso o Julinho tomou a minha frente e bateu. Meus colegas me sacanearam, mas não dei a mínima.

Óbvio que, se estivesse 0 × 0, e ele desperdiçasse aquela que, talvez, fosse a nossa última chance, eu teria de elevar o meu grau de paciência. Precisaria me segurar para não explodir. Podia até lhe dar uma bronca, mas no vestiário, nunca diante da torcida. Leve isto para a vida: elogios são feitos na frente de todo mundo, mas, quando for puxar a orelha de alguém, faça no privado.

No final dos anos 1970, o Flamengo teve um ponta-direita chamado Reinaldo. Ele sempre me pedia para cobrar faltas. Batia bem e treinava comigo, mas na hora H eu o deixava ciente:

"Reinaldo, tem 60 ou 70 mil pessoas aqui gritando o meu nome. Vai mesmo querer bater?"

Ele pensava melhor e, resignado, desistia. No entanto, eu conhecia a capacidade dele. Avisei-o que, na hora que surgisse uma oportunidade a seu molde, eu mesmo o chamaria para cobrar.

Em 1979, ganhávamos do São Bento por 3 × 0. Um dos gols eu fiz de falta. No segundo tempo, cometeram outra, na risca da grande área.

"Pronto, vou deixar o Reinaldo bater", decidi.

A torcida gritando "Zico, Zico, Zico". Virei para ele e perguntei:

"Está ouvindo isso? Continua com vontade de cobrar?"

Confiante, ele fez que sim:

"Galo, deixa comigo. Essa eu bato."

Cheguei a brincar com ele:

"Faz o seguinte, então. Dá uma pancada no meio do gol que vou lá pra área pegar o rebote."

Ele soltou a bomba, o goleiro tentou encaixar, a bola escapuliu e eu meti de cabeça. Ao abraçá-lo, ele sussurrou:

"Porra, Zico, você tem pacto com o diabo!"

"Com o diabo, não. Com Deus!"

Mesmo que você seja a estrela do seu time, quando surgir oportunidades, dê uma chance para os seus colegas se destacarem também, mas tenha sempre um plano B para poder contornar os problemas que talvez surjam.

A questão do direito adquirido

Nunca me aborreci com quem quisesse cobrar faltas, desde que a pessoa treinasse. Saía do sério quando quem jamais aparecia nos treinamentos vinha do nada, com a maior naturalidade, tentar bater.

Uma vez aconteceu isso com o Junior Baiano, na seleção. Eu era o coordenador técnico do Zagallo, e a gente tinha o Roberto Carlos para chutar à distância. Em um jogo que perdemos para a Argentina, no Maracanã, quando ainda estava empatado, surgiu uma falta ótima para nós. O Maracanã gritou o nome do Roberto, mas Baiano tomou-lhe a frente e cobrou muito mal. No vestiário, esbravejei não com ele, mas com Roberto:

"Porra, o que aconteceu? Como você deixou o cara bater? Quem cobra faltas aqui é você! Não é você quem treina? Vai, me explica!"

Nessas horas, tem que chegar junto e tomar as rédeas. Costumava dizer o seguinte para quem vinha dar uma de "salvador da pátria":

"Tá achando que vai bater o quê? Você faz milagre?"

Se o jogador quer competir comigo, tudo bem. Ficava cobrando faltas com dez ou quinze companheiros, não me importava, mas, para bater no jogo, tinha que treinar antes. Sacaneio o "Maestro" Junior até hoje. Ele batia bem, mas nunca vinha treinar ao meu lado.

"Acabei te atrasando alguns anos, não é, velho?"

"É, Galo, mas a tua bola estava entrando, o que é que eu podia fazer?"

==Assim como pênaltis, cobrar faltas é questão de direito adquirido.== Aconteceu comigo na seleção. Estreei com a amarelinha em fevereiro de 1976, no Estádio Centenário, em Montevidéu, contra o Uruguai. Quem batia as faltas eram Nelinho, Rivellino e Marinho Chagas. Aos 23 anos, começando no time, não tinha moral junto a eles, mesmo tendo marcado vários gols dessa forma pelo Flamengo.

No primeiro tempo, 1 × 0 para nós, gol de falta do Nelinho. Na segunda etapa, ele e o Rivellino foram expulsos. Eu e Marinho ficamos. O Bruxa, apelido dele, batia melhor de longe, soltando a pancada. Aos quarenta minutos, jogo empatado em 1 × 1, pintou uma falta ao meu feitio. Cheguei para ajeitar e, do nada, Marinho se aproximou.

"Sai pra lá!", falei. "Daqui, não! De longe eu nem chego perto, quem bate é você. Mas daqui quem cobra sou eu, nem vem que não tem!"

Contrariado, ele se afastou. Bati e marquei o gol da vitória.

Três dias depois, enfrentamos a Argentina, no Monumental de Núñez. Suspensos, Nelinho e Rivellino nos desfalcaram em Buenos Aires. De repente, outra falta, e do mesmo lugar. Assim que peguei a bola, procurei pelo Marinho. Ele sequer apareceu. Cobrei e fiz de novo, outra vez 2 × 1 para nós. Pronto, direito adquirido.

Moral da história: se você mostra produtividade, assume o posto com segurança, ninguém ousa te desafiar.

> **PARA SE TORNAR UM LÍDER É PRECISO:**
>
> **Autoconhecimento:** é impossível ser bom em tudo. Saiba quais são os seus pontos para ser ainda melhor neles.
>
> **Espírito de equipe:** ninguém faz nada sozinho. Para chegar lá, você vai precisar da sua equipe. Saiba valorizar cada integrante do grupo.
>
> **Empatia:** saber se colocar no lugar é fundamental para liderar as pessoas. Sem isso, você não alcança o respeito do grupo.
>
> **Resiliência:** não será fácil e muitos obstáculos podem aparecer no seu caminho. Superá-los é o caminho para a liderança.
>
> **Paciência:** você não vai ser o melhor da noite para o dia. É preciso saber esperar e não desistir.
>
> **Treino:** nunca é demais. Não perca treinos, por mais difícil que seja o processo.

Como mudar o patamar de um clube

Marcante durante esse período foi a entrada da FAF, a Frente Ampla pelo Flamengo. A chapa liderada pelo presidente Marcio Braga, junto a uma turma de rubros-negros influentes e notáveis, revolucionou o ambiente do time e do clube em geral.

O Flamengo passou a ser administrado como empresa. O balanço contábil começou a ser positivo, sem pendências, muito menos títulos protestados. Resolveram os débitos com o INPS e os bloqueios que faziam nas contas do clube. Pararam até de reter, por determinação judicial, a renda da bilheteria do Maracanã.

Uma das melhores contribuições da FAF, contudo, foi acertar os problemas financeiros dos jogadores. O nosso décimo terceiro salário era incorporado entre as luvas e os ordenados. Ninguém o recebia ao fim do ano, o que é inconstitucional. Como ousar entrar na Justiça contra a própria instituição? Bastava ser negociado para o jogador ganhar a ação, recebendo com juros e correção monetária o que era direito seu.

Discutimos essa questão com o pessoal da FAF. Por ser um grupo de pessoas abertas, compreenderam o nosso lado:

"Só tem uma maneira de implementarmos isso, Zico. Assinem um documento e nos entreguem, que levamos para o Conselho aprovar."

O Conselho autorizou. A partir de então, passaram a nos pagar o décimo terceiro. Um marco na história do clube.

Outro momento importante da FAF foi quando ela mudou o sistema de premiação, até então feito por meio de "bichos", como são chamadas as gratificações por vitórias ou bons resultados. Havia um dilema de que jogador de futebol era movido a grana. Cresci achando isso. Com o tempo, percebi que estava errado.

Como líder do time, pedia ao grupo para não se importar com "bicho". Somos funcionários do clube, portanto recebemos para honrar a camisa. Se temos crédito com a torcida e perante os dirigentes, basta fazermos a nossa parte. O que vale é o currículo. Quanto mais você conquista, mais é valorizado. Dali a pouco, renova melhor ou acaba sendo negociado com outro time, quem sabe do exterior.

QUANTO MAIS VOCÊ CONQUISTA, MAIS É VALORIZADO.

==Quem é assalariado ganha para treinar e jogar.== O que vinha acontecendo era uma questão cultural. A FAF estipulou um mecanismo diferente. Como o Flamengo sempre fez renda, passaram a nos premiar de acordo com ela. Os clubes, na época, sobreviviam praticamente da bilheteria.

Se tenho uma boa arrecadação, posso dar uma gratificação proporcional. Caso contrário, fica difícil. Aí vem a questão do profissionalismo. Se o time está bem, jogando acima das expectativas, a torcida volta em maior número nas próximas vezes, gerando um círculo virtuoso.

Sempre achei que jogador profissional tem que ganhar de acordo com o que o clube arrecada. Se a conquista de um título renderá tanto, acho justo sermos premiados com parte desse lucro. A FAF, ao compreender isso, estipulou que 25% da arrecadação seriam divididos entre nós, atletas. Ganhando o jogo, recebíamos. Não vencendo, ficávamos sem nada. Empatando, vinha metade do combinado. Mas se o empate nos levasse a uma conquista ou à classificação para outra fase, nesse caso, era encarado como vitória, porque o objetivo tinha sido alcançado.

Essa mudança ampliou a nossa motivação. Ganhar de acordo com o que o clube arrecada é o correto. Se o time enche o estádio, fatura mais. Com isso, recebemos mais também. Se perdêssemos direto, o público deixaria de comprar ingressos. Em suma, dependia da gente.

Em relação a Direito, Marketing ou Publicidade, aprendemos muito durante o tempo em que a FAF participou ativamente da vida do Flamengo. Recebemos até aulas para lidar com a imprensa. Walter Clark, um executivo ligado à TV Globo, nos levava à emissora para ouvirmos palestras sobre como agir perante as câmeras.

Aprendemos, por exemplo, que na televisão nunca devemos falar "para vocês". O correto é "para você". Pode haver duas ou mais pessoas assistindo no sofá, mas cada qual sente de forma única, como se escutasse sozinha. Para facilitar a comunicação com o torcedor, captando mais gente para os próximos jogos, passamos a falar dessa forma.

Além de usar melhor a língua portuguesa nas entrevistas, aprendemos a nos expressar com maior desenvoltura. Como resultado, entre nós alguns se tornaram excelentes comentaristas. Como Raul Plassmann e Junior, por exemplo.

Enfim, o trabalho feito pela FAF foi perfeito, de altíssimo nível mesmo. Bato palmas.

Seja alguém em que o outro pode confiar

Em 1976, o time principal do Flamengo era quase todo formado por atletas daquela equipe juvenil de 1971, 1972 e 1973. Estavam no grupo: Cantarelli, Rondinelli, Junior, Vanderlei Luxemburgo, eu e vários outros. No ano seguinte, Tita chegou aos profissionais. Andrade tinha sido emprestado, e Adílio não era titular porque Carpegiani e Merica vinham jogando.

Por falar nisso, escalar time é responsabilidade do técnico. Nunca me meti. Para ser sincero, dei "pitaco" uma única vez, quando Lico entrou na equipe, em 1981. Carpegiani desejava fazer uma alteração entre os titulares, mas, por eu ser o capitão, precisava do meu aval. Sua ideia estava certa, tanto que goleamos o Botafogo por 6 × 0. Cheguei a brincar com ele:

"Nunca mais te carrego, já fiz minha parte!"

Estávamos na Bolívia, jogando contra o Jorge Wilstermann, pela Libertadores. Baroninho tinha feito um gol, mas os caras empataram. No segundo tempo, Carpegiani o tirou e pôs Lico na direita, passando Tita para a esquerda. Lico jogou muito. Inclusive, cobrou o escanteio para Adílio, de cabeça, marcar o gol da vitória.

Quando veio o clássico com o Botafogo, Carpegiani ficou em dúvida: Baroninho ou Lico. Antes do almoço, me chamou para conversar.

"Você quer pôr o Lico no time, não é isso?"

Sabia que ele gostava quando o jogador de meio abre pelas pontas, mas volta em seguida para recompor.

"Ora, se quer colocá-lo, põe logo! Não é o que você quer fazer?" Ainda completei, para aliviá-lo: "As duas formações são boas, mas faz o que teu coração manda!".

No clássico, entramos com Tita pela esquerda e Lico na direita. Confundido o Botafogo com a nova escalação, marcamos seis e levamos a vitória. Nunca mais o Lico saiu do time.

A importância de manter uma vida regrada

Se o cara treina como qualquer outro, sabe jogar e cumpre com as suas obrigações, pode ser branco, negro, católico, mórmon, rico, pobre, não importa, o que vale é todos juntos, respeitando as mesmas regras. Futebol é bom por causa disso, tem espaço para todos. É, de longe, o esporte mais democrático do planeta.

Aliás, já que mencionei essa religião, a questão de um mórmon ter que se casar virgem – sexo, para eles, somente após o casamento –, na época, deu muito o que falar. E não porque Tita era mórmon. Da nossa geração, acredite, a maior parte casou virgem. Claro, devido a algumas circunstâncias.

Não havia a facilidade de hoje para sair e encontrar alguém. Quem queria sexo por sexo sabia onde encontrar, como na Casa da *Luz Vermelha*. Já quem desejasse algo mais sério esperava até encontrar a pessoa certa.

A questão do assédio sempre existiu em relação a jogadores de futebol. No entanto, um atleta não deve se deixar levar por prazeres fugazes. Comecei a namorar a Sandra aos 17 anos, e seguimos firmes até hoje.

Noivamos em 1974 e nos casamos no ano seguinte. O matrimônio me trouxe maior estabilidade, tive total tranquilidade para direcionar a minha carreira. Ao construir uma nova família, pude me dedicar de forma integral ao esporte.

É crucial evitar as tentações. Na Libertadores, nosso supervisor Domingos Bosco expulsou do andar em que estávamos no hotel, em Assunção, uns paraguaios que se hospedaram com mulheres lindas que deviam ter sido pagas para nos seduzir. Queriam que caíssemos que nem patinhos, entrando em campo exaustos.

Às vésperas da final do Campeonato Brasileiro de 1982, contra o Grêmio, Bosco nos transferiu de Porto Alegre para a bucólica Canela. Não por conta das mulheres que contrataram para desviar a nossa atenção no hotel, mas devido aos fogos de artifício que torcedores do tricolor gaúcho acendiam. Era impossível dormir com aquele barulho. Quando retornamos para a capital, com o sono em dia, vencemos o Grêmio por 1×0.

Apaixone-se pelo que faz

No começo da carreira, algumas pessoas duvidaram do meu potencial. Comparavam-me com meu irmão Edu, mas diziam que eu era muito magro. Outros julgavam que eu até tinha talento, mas não daria certo no futebol. Muita gente no Flamengo mesmo questionou a minha capacidade antes de eu me profissionalizar.

Contudo, eu sabia quem era e o quanto podia render. Quando você, desde criança, é chamado para jogar em tudo quanto é time, em todas as ruas do bairro, várias vezes contra meninos mais velhos, e ainda brilha, fazendo um gol atrás do outro, bom, alguma coisa você tem. Senti que levava jeito. Em qualquer pelada, eu marcava seis ou sete gols e era parabenizado até pelos adversários. Aos poucos, me conscientizei de que era mesmo diferenciado.

Quanto à escola, a mesma coisa, estudei muito e tenho uma inteligência de certa forma privilegiada, além de uma baita memória. Se seria jogador, eu não podia dizer, mas nunca me passou pela cabeça não ser.

O problema é quando o futebol te ocupa de tal forma que você não consegue fazer mais nada, principalmente estudar. Sem força de vontade, ninguém chega a lugar algum. É o que digo para as crianças: estudo não atrapalha, mas o clube também precisa te apoiar.

O Flamengo nunca me impediu de sair da concentração para que eu terminasse o científico ou fizesse faculdade. Teve época em que cursei Contabilidade, em Vila Isabel. Quando tinha jogo no dia seguinte, saía do treino para lá e, após a aula, mesmo cansado, voltava para a concentração. Quantos fazem isso hoje?

Há muitos fatores que podem influenciar no nosso comprometimento para atingir certos objetivos, mas, quando aliamos empenho e disciplina, vamos longe.

DENTRO E FORA DE CAMPO

- Não mude o seu modo de agir por conta da atitude do outro.
- Dê sempre o melhor de si. Uma hora seu esforço e dedicação serão recompensados.
- Treine, treine, treine. Nunca é demais e só te fará bem.
- A perfeição é difícil de ser alcançada. A excelência, não.
- Conquiste o lugar que quer ocupar com o seu trabalho, mas não com a ousadia de quem quer chegar ao topo pulando etapas.
- Apaixone-se pelo que você faz, e seguirá trabalhando (com paixão) pelo resto da vida.

CAPÍTULO 4

Chegar ao topo é fácil; difícil é se manter

(Flamengo/Seleção brasileira – 1977/1980)

SEMPRE TREINEI MUITO. POSSO DIZER QUE ME PREPAREI PARA ser o melhor. Não o melhor do mundo, mas o melhor nos passes, chutes, cabeceios e no domínio de bola.

Sem falsa modéstia, devo ter sido o número 1 no quesito passe. Pode até ter aparecido alguém igual. Melhor, acho difícil. O fundamento mais importante no futebol é o passe. Quem souber executá-lo descobre vãos pelo gramado em que muita gente, mesmo em campo, sequer repara.

Treinei muito os principais fundamentos por almejar ser o melhor em todos. Repetia-os até ficar exausto. Quanto mais os fazia, mais me aperfeiçoava. Era uma questão particular minha.

Não se pode ter tudo

Fui o número 1 no quesito passe, mas não me considero o melhor jogador no que se refere ao conjunto completo. Considero Maradona o melhor da minha geração, o atleta mais completo que enfrentei. Pela genialidade, ele nem precisava se aprimorar em determinados fundamentos. Nunca dependeu das cabeçadas, por exemplo.

Eu, sim, precisava fazer gols de esquerda, de direita, de dentro da área, de fora, de cabeça, de falta, batendo pênaltis, e poucos jogadores do meu tempo foram tão completos como eu nesses pontos. O francês Michel Platini tinha um pouco disso, mas marcava pouquíssimos de cabeça e só passou a cobrar faltas depois que cheguei à Itália. Nem Maradona as batia com perfeição. Nesse sentido, mudei a história do futebol italiano. Chegaram a fazer mesas-redondas para debater como neutralizar meus gols de bola parada.

É um dos orgulhos que trago na vida. O que iniciei por lá acabou sendo importante para a evolução de diversos craques que vieram depois. Como Roberto Baggio, Pirlo, Zidane, Lionel Messi, Cristiano Ronaldo e tantos outros.

Nem é preciso ir tão longe. Por aqui mesmo, Roberto Dinamite quase não cobrava. Passou a bater depois de "velho" e, diga-se, cobrando excepcionalmente bem. Assim como o Junior.

Não posso deixar de falar do Pelé. Até porque um jornal estrangeiro de respeito mundial me chamou de *"White Pelé"*, ou seja, *Pelé Branco*. Quando o Flamengo foi campeão mundial, em 1981, na coletiva que dei no Estádio Nacional de Tóquio, um jornalista inglês disse que eu era o melhor jogador em atividade no planeta:

"O Brasil pode se orgulhar de ter um substituto à altura de Pelé: Zico."

"Não gosto, não quero e não tem como me comparar com Pelé", respondi. "Ele foi o maior de todos. E, justamente por quererem substituí-lo, muitos jovens que começam a se destacar ficam pelo meio do caminho. Sou Zico, apenas Zico."

Tive o prazer de jogar com o Rei do Futebol em duas oportunidades. Uma, pelo Flamengo; outra, pela seleção. Quando ele vestiu a camisa rubro-negra, em 1979, goleamos o Atlético Mineiro, no

Maracanã, por 5 × 1. Na hora em que o árbitro apitou pênalti para a gente, entreguei a bola em suas mãos. Ele recusou. Estava certíssimo, imagina se perde...

Naquele ano, marquei 89 gols: 81 pelo Flamengo e 8 pela seleção. Nossos dois centroavantes, Luisinho das Arábias e Cláudio Adão, ficaram no banco até o jogo do 5 × 1 no Maracanã. Depois que entraram cada um fez o seu. Os outros três foram meus, inclusive aquele de pênalti.

Para finalizar esse papo dos grandes da História, o único arrependimento que carrego é não ter tirado foto com Johan Cruijff, considerado o melhor jogador europeu do século XX e um dos melhores da História. Estávamos no mesmo voo, cheguei a cumprimentá-lo, mas fiquei com vergonha de pedir.

Joguei com Eusébio e George Best, na festa dos 50 anos do Beckenbauer. Os técnicos eram Puskás e Di Stéfano. Tenho registros com todos, inclusive com meu ídolo Dida. Mas não tenho uma imagem sequer ao lado do lendário líder do "Carrossel Holandês".

Faz parte. Não podemos ter tudo na vida.

Concentração não ganha jogo

Nunca fui favorável a longos períodos na concentração. Cheguei a discutir com um supervisor, nos tempos de seleção brasileira:

"Você é convocado por quê? Por ter um estilo de vida em seu clube que te faz render mais que outros. Graças a esse rendimento, um jogador chega aqui. Então, se no clube você dorme sozinho ou com a esposa, ou não dorme, na seleção tem que ser igual."

Penso assim. Quando alguém não está trabalhando, vai ao cinema, ao teatro ou a um restaurante, mas na concentração fica aprisionado. Não faz sentido. Se estou na minha cidade e sou cumpridor das minhas tarefas, caso tenha que treinar pela manhã e, depois, somente à tarde, por que preciso permanecer concentrado ao término do primeiro treino?

"Para almoçar, Zico. Para descansar..." Ouvi muito isso.

"Mas, me explica, por que tenho que dormir ao lado de uma pessoa que nem sei que costumes tem, se posso ir pra casa ou pra um hotel com a minha família, descansar e retornar na hora do próximo treino, como sempre faço no meu clube?"

Nunca entendi a razão.

"Não quero que a CBF pague nada. Quero ter o direito de, se estiver em Belo Horizonte, poder levar minha mulher e meus filhos e curtir um tempo com eles entre um treino e outro. Faço isso no meu dia a dia e nunca deixei de cumprir com os meus deveres e obrigações."

Desde cedo, eu me posicionava assim. Era contra, me sentia enjaulado. Agora, se me dão folga de seis ou sete horas, prefiro nem sair. O que fazer tão longe? Sair para dizer que saí? Se não moro e nem tenho família lá, prefiro permanecer concentrado. É uma questão lógica.

Antes da Copa de 1978, a seleção ficou um mês na Granja Comary, em Teresópolis. Minha família subia a serra para me visitar quase todo dia. Quando comecei a carreira, Solich levava o pessoal para se concentrar na quinta-feira à noite e, dependendo do jogo seguinte, nos liberava somente na manhã de segunda-feira, independentemente do resultado. E ai de quem reclamasse.

Para quem é solteiro, ok. Mas para os casados, definitivamente, regime de concentração não funciona.

E por falar na Copa de 1978, a da Argentina, fui substituído no terceiro jogo, depois de ir muito mal contra a Espanha.

"Reconheço que fiz péssima partida contra os espanhóis", falei para o nosso treinador, Cláudio Coutinho. "Talvez tenha sido o pior jogo da minha carreira. Modifique o que for necessário e não se preocupe comigo quanto aos treinamentos, pois jamais vou me acomodar, mesmo que perca a posição. Sou profissional. Quando precisar, conte comigo. Não vou desanimar nem relaxar nos treinos."

Disse isso consciente de que perderia a posição. O presidente da CBD, a antiga CBF, um general chamado Heleno Nunes, insatisfeito com o rendimento do time, determinou que três jogadores deveriam sair para que outros entrassem. Coutinho acatou. Os jornais chegaram a estampar, com dias de antecedência, que mudanças seriam feitas. Como tinha intimidade com ele, complementei:

"Não precisa me enganar, Coutinho. Você é o treinador, não tem que dar explicação a ninguém. Tirar é um direito seu, só não me venha com evasivas. Que coincidência... o presidente disse os nomes de quem deveria entrar e quem tinha que sair, e foram os mesmos nomes que você anunciou pra gente agora. Mesmo assim, repito, não vou esmorecer, treinarei do mesmo jeito. Pode ficar sossegado, mas, cá entre nós, sua explicação não convenceu. Podia ter dito que o time jogou mal pra cacete, que fomos mal em campo, mas falar que vai nos tirar porque o campo onde jogaremos não é bom, na boa, isso não existe!"

Não foi a melhor Copa da minha vida, sei disso. Contudo, no ano seguinte, recebi o respeito definitivo do mundo do futebol durante o amistoso da Seleção do Resto do Mundo contra o vencedor da Copa de 1978. Foi em junho de 1979, em pleno Monumental de Núñez, e os argentinos celebraram 365 dias da conquista daquele título mundial. Por termos jogado, na véspera, um Fla-Flu, eu e Toninho chegamos horas antes de começar a preleção. Assim como o goleiro Leão.

Faltavam duas horas para a partida, e o técnico italiano Enzo Bearzot já tinha escalado os onze. Apenas Leão entrou de cara. Azar o dele, que levou um gol do Maradona no primeiro tempo. Na segunda etapa, eu e Toninho fomos colocados. No aquecimento, me receberam com uma das maiores vaias que já sofri na vida. Entrei substituindo o Platini e participei do gol de empate, ao dar um balão no zagueiro Passarela e tocar para Paolo Rossi. Antes de o italiano tocar na bola, fizeram gol contra. Pouco depois, marquei o da virada. Saí de campo aplaudido de pé.

Conto essa história para provar que concentração não interfere em nada. Cheguei em cima da hora e decidi o jogo. Por que insistem com esse regime? Procuro uma explicação até hoje.

O "Pacto do Barril": transformando fracassos em oportunidades

Duas derrotas foram marcantes na minha carreira. A primeira mudou por completo a mentalidade do nosso grupo. Falo da perda do título estadual de 1977 para o Vasco. Após aquela partida, nos reunimos para fazer o chamado "Pacto do Barril". Por que esse nome? Havia em Ipanema o Barril 1800, badalado restaurante que trocou algumas vezes de nome. Lá estabelecemos o acordo.

Anos antes, em 1974, o Flamengo ganhou o Estadual, e terminei a competição como artilheiro. Era o meu primeiro ano como titular, e todo o grupo de juvenis que tinha sido campeão em 1972 e 1973 fazia parte do plantel principal em 1977. Contudo, entre 1975 e 1976 só deu "Máquina Tricolor", aquele timaço que o presidente do Fluminense, Francisco Horta, montou ao reunir Rivellino, Paulo Cezar Caju, Gil, Doval, Edinho, Pintinho, Dirceu e companhia.

Individualmente, eu estava bem. Em 1975, bati o meu próprio recorde ao marcar 51 gols em 76 jogos. No ano seguinte, fiz 45 pelo Flamengo, e 11 em sete jogos pela seleção. Em 1977, a "Máquina" emperrou, e tivemos a chance de decidir o Estadual contra o invicto Vasco. Depois do empate no tempo normal, perdemos nos pênaltis. Se ganhássemos, haveria outro jogo.

Cláudio Coutinho, pressentindo que o placar não se modificaria, mandou a campo Tita, no segundo tempo da prorrogação, para ele bater um dos pênaltis. Seu índice de acertos impressionava nos treinos. Na hora H, menino ainda, ele desperdiçou a cobrança. Foi o único jogador nosso a perder. O Vasco ficou com o título.

Saímos do Maracanã para o Barril 1800. Estávamos apenas nós, jogadores, além da comissão técnica e do cantor Jorge Ben, agora Ben Jor. Era o nosso último dia juntos naquele ano, e, durante a reunião, firmamos a aliança.

Devido às três perdas consecutivas do Estadual, a diretoria estava reticente quanto a nós. Provavelmente, toda aquela geração seria desfeita. Resolvemos virar a chave a partir de 1978. Queríamos permanecer no Flamengo com o mesmo grupo.

Feito o pacto, por ter acontecido em um local popular da zona sul, muitos nos condenaram. Ao nos reapresentar, ouvimos críticas. Principalmente por parte de um grupo liderado pelo Flávio Costa, ex-treinador do Flamengo e da seleção na Copa de 1950, uma turma de "entendedores" de futebol que se autodenominava "Boca Maldita". Sarcásticos, eles cochichavam:

"Como pode? Os caras perdem o Carioca e saem para comemorar..."

Como se estivéssemos celebrando alguma coisa.

Adentramos 1978 com outra mentalidade. Outra cabeça, outra postura, mais determinação. Demos o troco no Vasco ao vencer o Estadual sobre eles. De tão compenetrado, eu, que costumava ficar na área para tentar marcar gols, sentindo que a partida se encaminhava para o final, assim que surgiu um escanteio a nosso favor, peguei a bola e corri até a marca do corner para bater rápido. Ao ajeitar, percebi Rondinelli, que treinava jogadas aéreas conosco, entrando com tudo na área. A bola voou numa altura excelente para ele, que subiu mais alto que a zaga cruz-maltina, e, mesmo marcado, cabeceou com firmeza para fazer 1 × 0.

A partir de então, aquela geração obteve um número avassalador de conquistas. Ganhamos praticamente tudo até 1983. De dezembro de 1978 a abril de 1982, faturamos doze dos quinze títulos que disputamos. Sem falar nos diversos torneios internacionais que vencemos na Europa durante essa época.

Os dirigentes rubros-negros compreenderam que uma geração de jovens, por mais talentosos que sejam, leva tempo para amadurecer, se afirmar e alcançar seu melhor nível. Reunimos três gerações e, em seis anos, conquistamos mais títulos relevantes do que o clube havia somado em sua história.

Se o Flamengo é hoje chamado de Nação, se temos torcedores espalhados por todos os cantos do planeta, muito se deve àquela geração. Que merece ser eternamente enaltecida.

Foi um momento desafiador em que vimos que perderíamos um time que estava começando a se consolidar. Na vida profissional, quando você se deparar com essa possibilidade, faça o possível e o impossível para motivar a sua equipe a dar a volta por cima, melhorar os resultados e, de quebra, conquistar o respeito de muita gente.

Concorrendo não com adversários, mas consigo próprio

Sempre que tinha oportunidade, dizia aos companheiros:

"É melhor a gente marcar dez gols do que ficar de palhaçada, desrespeitando os adversários."

Futebol é gol. Por isso, temos que partir com tudo para fazer o maior placar possível. Falei algo do tipo para o zagueiro Edinho. Durante um Fla-Flu, ele me deu uma cotovelada no rosto que destruiu o aparelho que eu vinha usando. Cheguei a retirá-lo, para mostrar o sangue escorrendo:

"Porra, Edinho, olha isso aqui! A gente tá fazendo gol, ninguém tá de molecagem, não. Pra que isso?"

Fiz quatro gols naquele Fla-Flu. No dia seguinte, o *Jornal dos Sports* estampou a manchete ZICOVARDIA. Contudo, independentemente do meu desempenho, prefiro marcar um gol atrás do outro a ficar dando balão, caneta ou dribles que não levam a lugar algum.

Naquele jogo específico, apenas jogamos bola. Não tinha ninguém brincando nem tentando humilhar o outro. Tanto que Edinho se assustou com a minha reação.

A gente nunca ficava de sacanagem. Se desse para golear, goleávamos, mas, se tivéssemos que levar de cinco ou seis, faz parte, são coisas que acontecem no futebol.

Em meu último Estadual, goleamos, na Gávea, um time de Nilópolis chamado Nova Cidade. Quando estava 5 × 0, o goleiro deles mandou baixar o cacete na gente para não levar outros cinco. Ao ouvir aquilo, avancei em direção a ele com o dedo em riste:

"Ninguém aqui vai dar porrada em ninguém! Estamos jogando futebol! Quem sabe amanhã alguns de vocês podem estar conosco? Somos companheiros de profissão!" E continuei: "Vocês podem levar dez ou quinze hoje, não importa. A gente está ensinando vocês a jogar. E vocês, aprendendo conosco. Estamos entendidos?".

Envergonhado, o goleiro baixou a cabeça. No fim, ganhamos de 8 × 1.

Em 1979, fomos eliminados do Campeonato Brasileiro, em pleno Maracanã, levando de quatro do Palmeiras. No ano seguinte, demos o troco ao enfiarmos seis neles. Isso é futebol.

Nunca humilhei companheiros nem zombei de torcida alguma. Quando fizemos seis no Botafogo, em 1981, tínhamos saído do primeiro tempo com 4 × 0. No intervalo, resolvemos devolver os 6 × 0 que o Flamengo levou anos antes. Em novembro de 1972, eu nem vi o gol de letra que Jairzinho marcou. Zagallo não tinha me relacionado para o banco, fiquei junto à torcida e preferi deixar o estádio quando o Botafogo cravou o terceiro. A partir daquele ano, em todo clássico contra nós, a torcida alvinegra levava uma faixa que me tirava do sério:

"FLAMENGO, NÓS GOSTAMOS DE VO…6!"

Foi a nossa forra. Precisávamos fazê-los guardar aquele negócio, era questão de honra.

Encarando uma decepção

Um dos momentos mais delicados que passei na carreira foi minha estreia na Copa do Mundo, na Argentina, em 1978. Fiz de cabeça um gol no último lance do primeiro jogo, contra a Suécia. Seria o da vitória, mas o galês Clive Thomas trilou o apito final após a cobrança do escanteio, com a bola já tendo tocado a minha testa, segundo ele, fração de segundos antes de entrar. O jogo terminou em 1 × 1.

Se já é difícil dormir após qualquer partida, visto que a adrenalina não baixa, imagina como fiquei naquela noite. Aguardamos o dia seguinte e fomos assistir ao teipe em um cinema, para confirmar se o juiz terminara ou não antes. Um microfone atrás do gol provou que não. Thomas chegou a levar as mãos à cabeça, num movimento típico de desespero. Acredito que seja um fato inédito em Copas do Mundo, um verdadeiro absurdo.

Tudo bem se o árbitro apitasse antes da cobrança, mas depois que fiz o gol? Melhor não deixar bater o escanteio. Acaba o jogo antes, tão simples...

Como me tornei líder desde cedo

Antes de ser capitão, eu já desfrutava de certa liderança perante o grupo. Discutia com a arbitragem, inibia adversários que vinham com covardia ou coisas do tipo. Ao me sentir mais maduro, assumi a braçadeira e passei a defender ainda mais o time.

Quando renovei meu primeiro contrato, o clube propôs me adiantar as luvas. No entanto, o Flamengo devia gratificações a vários companheiros. Falei para um dirigente:

"Não adianta me pagar e continuar devendo a parte do grupo. Vocês querem ser campeões? Eu não jogo sozinho! Tem que pagá-los primeiro."

Em qualquer meio, muita gente prefere garantir o seu e que se dane o resto. Nunca pensei dessa forma.

"Paguem a gratificação atrasada dos caras", impus. "Quando estiverem em dia, deixo até parcelar a minha parte."

Falei isso porque entendo que, para que eu rendesse melhor, precisava de todos trabalhando com satisfação. Não sou tenista, a vitória não depende só de mim. Ter lutado por eles aumentou meu moral perante o grupo. E os dirigentes perceberam que eu tinha caráter. É a questão do bom ambiente. Muitos não viviam apenas do salário. Por serem arrimos de família, necessitavam das gratificações.

Um líder precisa desenvolver ou ter dentro de si habilidades como essa. Bom comportamento e postura não podem faltar. Além de a minha dedicação ser integral à profissão, quando me tornei um jogador reconhecido pelo mundo inteiro, continuei fazendo igualzinho ao que era antes. Ou até mais, para nunca deixar de ser quem me tornei. Chegar ao topo é fácil. Manter-se lá é que são elas.

Volto a frisar a questão da minha primeira renovação de contrato. Não sei se por sorte ou coincidência, ele terminava em maio, ou seja, no meio da temporada. Os dos demais, ao fim de dezembro. Quando atingi certo patamar, na hora de renovar meus colegas pediam:

"Zico, vai lá nos homens e sobe o sarrafo, senão a gente se dá mal..."

Como me preocupava com todos, entendi que, caso renovasse mal, derrubaria geral, tipo efeito cascata. Por isso, bato na tecla do profissionalismo. ==Quando me propus a deixar de receber para pagarem o pessoal, situações como essa te tornam referência no grupo.==

Em Curitiba, jogamos a semifinal do Brasileirão de 1980 com todos cientes de que o meu contrato expiraria na véspera da decisão. Acalmei meus companheiros:

"Se a gente chegar à final, continuarei falando pra diretoria que não vou jogar. Pra vocês, no entanto, antecipo, vou jogar, sim. Só que isso não pode vazar, entenderam?"

Assinei na sexta-feira, a dois dias da decisão. Nunca disputei uma partida sem contrato. Os jogadores conheciam a minha forma de agir e, por liderar o grupo, ajudar um colega em situação difícil sempre foi fator primordial para mim.

DENTRO E FORA DE CAMPO

- Você não precisa ser bom em tudo, mas deve fazer com excelência aquilo em que é bom.
- Reconhecer as suas falhas é tão importante quanto valorizar as suas qualidades.
- Você nem sempre concordará com todas as regras, mas precisa ter postura e conquistar o respeito dos outros para contestá-las.
- O jogo não será ganho todas as vezes. Por isso, saber o que fazer após uma derrota é o que te fará evoluir.
- Sucesso não é quando você ganha, mas quando você se mantém no seu potencial máximo de qualidade.
- Ser líder é pensar no coletivo, é colocar as próprias escolhas em segundo plano. Só assim, o respeito e a admiração do grupo validarão a sua liderança.
- Ninguém faz nada sozinho, nem em campo nem fora dele. Valorize os que estão ao seu lado durante a jornada.

CAPÍTULO 5

O momento certo de se impor

(Flamengo/Seleção brasileira – 1980/1983)

==PARA QUE UMA EQUIPE CONSIGA DAR O SEU MELHOR, O AMBIENTE TEM QUE PERMITIR QUE TODOS TRABALHAM FELIZES.== O time precisa respirar um clima agradável no dia a dia. Somente assim os jogadores farão o melhor, e, se possível, divertindo-se. Quem trabalha dessa forma gera resultados melhores. Sempre busquei preparar uma atmosfera que facilitasse o trabalho de todos.

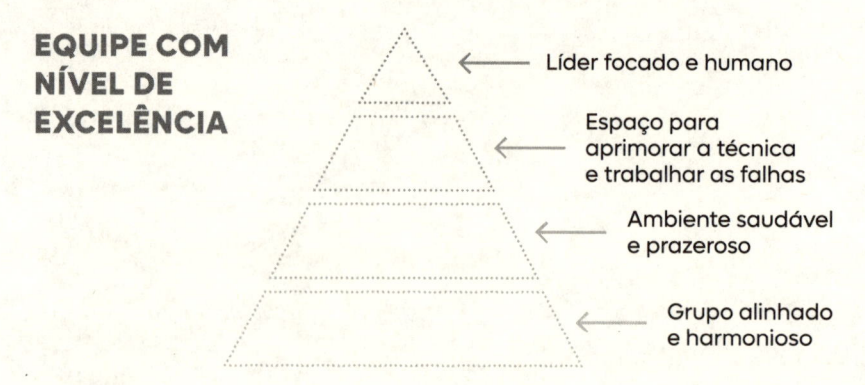

EQUIPE COM NÍVEL DE EXCELÊNCIA

- Líder focado e humano
- Espaço para aprimorar a técnica e trabalhar as falhas
- Ambiente saudável e prazeroso
- Grupo alinhado e harmonioso

Agregando o grupo em prol de um objetivo

Minha capacidade de agir como líder era avaliada conforme eu tratava um companheiro descontente. Cabia a mim convencê-lo de que poderia executar bem o seu ofício, tendo o desempenho que esperávamos.

Ninguém cumpre, satisfeito, qualquer orientação sem ter um motivo ou razão específica que lhe faça compreender o porquê daquilo. Eu explicava, durante o tempo que fosse necessário, o que pretendia implantar. Dizia o que o grupo poderia alcançar, o que o chefe, fosse ele o nosso técnico, um dirigente ou mesmo o presidente, desejava de nós.

Quando aquele que não está a fim de seguir o líder é enfim convencido, nasce a consciência da luta e a importância do agir em prol do coletivo.

Como convencer um companheiro rebelde?

Às vezes, no trabalho a gente esbarra com alguém que pode atrapalhar o andamento do grupo. Lembro as dificuldades que Nunes vez ou outra nos causava. Quando ele chegou ao Flamengo, muitos o viam como aquele tipo de atacante que não passa para ninguém, quer chutar todas. Pacientemente, expliquei a ele:

"Entenda uma coisa, Nunes. Você saiu do Fluminense com uma carga pesada nas costas devido ao seu temperamento. No Santa Cruz, você era outro jogador, fazia muitos gols, mas a cobrança não era tão grande. Aqui no Rio é diferente. Relaxa e solta mais a bola, que ela vai chegar redondinha pra você marcar seus gols."

Ele tinha as limitações dele, mas sempre teve um ótimo coração. Sentindo que me ouvia com atenção, prossegui:

"Entenda uma coisa: se você marcar o gol ou der o passe para alguém fazer, vai dar no mesmo. Juntos, todos ganham!"

Demorou, mas ele compreendeu. E passou a render mais.

Em junho de 1981, estreamos em um quadrangular na Itália goleando o Avellino por 5 × 1. No outro jogo, o Napoli derrotou a seleção da Irlanda por 4 × 0. Nos preparamos para encarar o Napoli na final. O jogo deles girava em torno do grande líbero holandês Ruud Krol. Pedi ao Nunes, no vestiário:

"Quando perdermos a bola, corre pra cima do Krol. Não deixa ele jogar!"

Começada a partida, os italianos ficaram doidos. Cada vez que pegavam na bola, Nunes cercava o Krol. Não dava espaço. E os caras procurando o tempo todo o holandês, não sabiam jogar sem ele. Naquele dia, o Nunes matou a pau. Além de anular o astro adversário, fez gol e deu passe para outros. Ganhamos de 5 × 0. Após a partida, com a taça nas mãos, percebi o nosso homem-gol exultante:

"Tá vendo? Você está aí feliz como se tivesse feito os cinco, não é?"

Ele assimilou o que tanto tentávamos lhe dizer. Não à toa, ao longo do Campeonato Brasileiro de 1980, deve ter se cansado de me servir com passes e cruzamentos. Contra a Desportiva Ferroviária, time do Espírito Santo, fiz três em assistências dele. Diante do Santos, outro. Cheguei a ficar agoniado, porque quando lhe dava a bola ele perdia uma chance atrás da outra. Até que arrebentou na decisão, marcando dois no Atlético Mineiro. No ano seguinte, mais dois em Tóquio, na final do Mundial, contra o Liverpool. Ou seja, desencantou.

Ao entender a importância que tinha para o time por conta da sua movimentação, Nunes percebeu que podia ou não fazer gols que nada de ruim aconteceria. Pelo contrário, se desse o passe para alguém marcar, seria elogiado pela imprensa e por nós.

O importante não é o individual de cada um, mas a vitória do conjunto. Por isso que, em fevereiro de 1983, contra o Moto Club, fiquei uma fera com outro centroavante nosso, o Baltazar. Ora, nunca deixei de dar bola a ninguém por briga pela artilharia. Naquele jogo, depois que driblei o goleiro, antes de chutar, Baltazar correu por trás de mim e deu um bico para as redes. Em dúvida, o juiz veio me perguntar quem havia feito o gol.

O IMPORTANTE NÃO É O INDIVIDUAL DE CADA UM, MAS A VITÓRIA DO CONJUNTO.

"Dá pra ele, vai! Dá logo pra ele essa porra!!!"

Fiquei chateado não apenas com Baltazar, mas com outros jogadores que passaram o jogo fazendo gracinhas. Não admito que alguém apareça na frente do gol e não role para alguém mais bem posicionado. Fizemos 5 × 1, mas entrei no vestiário cuspindo fogo:

"Se o jogo está 0 × 0, vocês me passam a bola o tempo inteiro pra eu resolver, não é? A partir de agora, vou tratar de me esconder atrás dos zagueiros, e vocês que se virem sozinhos."

Pedi desculpas mais tarde, por ter me excedido. Mas fui ao quarto do Baltazar, que dormia com o Robertinho, e os deixei conscientes:

"Gente, em campo a coisa é séria. Vamos fazer nove ou dez gols, não importa, mas gracinha a gente deixa pra fazer nos treinos, beleza?"

Diferença entre poder e autoridade

Na decisão da Taça Guanabara, em 1982, Flamengo e Vasco levaram mais de 100 mil torcedores ao Maracanã. Nesse jogo, o árbitro José Roberto Wright entrou em campo camuflando um gravador no uniforme. Sua intenção era apresentar, em uma emissora de televisão, como é "quente" o clima no gramado.

Ele estava diferente. A gente o conhecia, sabíamos como agia, mas naquele dia, para nossa surpresa, passou o tempo todo gritando, sem medir palavras. Percebemos algo estranho no ar. Num dado momento, ele chegou para mim e mandou algo do tipo:

"Porra, Zico, vamos jogar futebol!"

Ele nunca tinha falado assim comigo. Me contive, *deve ser a tensão do jogo*, pensei. Não era. Durante o *Globo Esporte*, no dia seguinte, descobrimos a razão.

Fazer o que fez, e sem o nosso conhecimento prévio, acho antiético. Primeiramente, por expor a nossa privacidade. Não foi jogo limpo, podia interferir no andamento da partida. Alguém poderia ter sido expulso de bobeira, caso retrucasse.

Outro episódio que envolve o nome do Wright é aquele Flamengo × Atlético Mineiro no Serra Dourada, pela Libertadores de 1981. O jogo definiria que equipe brasileira passaria e qual seria eliminada da competição. Dizem que ele estragou o espetáculo ao expulsar cinco jogadores do Atlético, encerrando a partida aos trinta e sete minutos do primeiro tempo. Nessa, não o considero injusto, não.

Ele fez nesse jogo algo que jamais devo voltar a ver no futebol. Como era praticamente uma decisão – quem passasse teria tudo para ser campeão –, em vez de bola rolando, ficou o tempo todo apitando faltas. Antes dos quinze minutos, paralisou a partida e reuniu os capitães. Pediu que avisássemos a nossos companheiros que quem cometesse a primeira falta por trás receberia o vermelho. Chamei meu time e os alertei. O capitão do Atlético fez o mesmo com o dele.

Não passou cinco minutos, peguei a bola no campo de defesa e recebi um pontapé por trás. Olhei para ver quem tinha dado. Surpreendentemente, foi um amigo meu, o centroavante Reinaldo.

"Logo você?", exclamei, incrédulo.

Wright levou a mão ao bolso e o expulsou. Pronto, veio todo mundo do Atlético dando peitada e o xingando. Foi a maior balbúrdia. Éder o mandou para aquele lugar, Palhinha disse que ele não tinha moral para expulsá-lo e Chicão falou que ele não era homem para erguer outro vermelho. Se houvesse leitura labial, eles estariam ferrados. Não se pode falar assim com uma autoridade. Wright foi expulsando um a um até não ter mais como dar prosseguimento ao jogo.

Os dois times voaram de São Paulo a Goiânia no mesmo avião. Ficamos no fundo da aeronave; eles, na frente. Dirigentes mineiros impediram seus atletas de nos cumprimentar. Rivalidade à parte, muitos de nós éramos amigos ou colegas de seleção. O terceiro goleiro do Atlético havia jogado conosco no Flamengo. Enfim, nos viam como inimigos, não como adversários.

Penso que rivalidades deveriam ficar apenas no campo das torcidas e sem violência. Um exemplo, sempre me dei bem com o Roberto Dinamite. Não havia intriga, a gente só "rivalizava" para promover os nossos jogos. Sou bastante respeitado pela torcida do Vasco, talvez, por nunca ter zombado dela. Não à toa, quando Roberto se despediu do futebol, em 1993, vesti a camisa cruz-maltina no Maracanã. Distribuí centenas de autógrafos quando treinamos em São Januário, na véspera. Foi estranho? Foi. Mas fiz pelo Roberto, de quem sempre fui amigo. Antes e depois de pararmos de jogar.

Por isso acho triste o que houve naquele dia em Goiânia. Havíamos feito dois jogos memoráveis, um no Maraca, outro no Mineirão, ambos 2 × 2. Como o Serra Dourada tinha o melhor gramado do país, poderia ser um espetáculo, mas deixamos o campo frustrados. Ficamos em dúvida se a partida seria anulada, se teria outra, enfim, decepção total.

É preciso respeitar uma autoridade. O Atlético aprendeu. Da pior forma possível, mas aprendeu.

Não perca a cabeça, pode ser irreversível

Sempre procurei fazer o meu jogo. Não me preocupava com quem me marcaria. No máximo, buscava informações sobre quem ficaria na minha cola, cheirando o meu cangote por noventa minutos ou mais.

Fui ao Maracanã diversas vezes para ver determinado jogador e estudar de que forma poderia tirar proveito das suas deficiências.

Queria entender de que maneira, se com violência ou não, ele tentava anular as principais estrelas do time adversário. É preciso estar preparado para evitar certas situações. Noutras, não tem como. Entrada por trás, por exemplo, não dá para prevenir.

Ao chegar ao Flamengo, Carpegiani me alertou:

"Zico, você é o cara mais visado. Vão procurar fazer tudo para que você perca o foco, se desligue do jogo ou revide. Escute uma coisa, não tem essa de mostrar que é mais homem e tentar sair na mão com ninguém. Se o cara te cuspir de um lado, dê a outra face a ele, mas continue fazendo os seus gols, que é o que tanto temem."

Quando disputamos o primeiro jogo da final da Libertadores, em 1981, fui bater uma falta. Assim que me abaixei para ajeitar a bola, um atacante do Cobreloa veio por trás e me deu uma dedada bem naquele lugar. Olhei com cara feia para ele, mas não esqueci o conselho do Carpegiani. Mantive a calma, virei para o cara e disse:

"Gostei! Quando acabar o jogo, me dá seu telefone?"

É o tal negócio, se bato no sujeito, sou expulso e prejudico o time. Não jogaria nem a segunda partida da decisão. Tudo o que queriam.

Antes de irmos para Montevidéu, ainda em Santiago, percebi no hotel alguns dirigentes e torcedores entrando numa de "temos de ganhar do Cobreloa nem que seja à base da porrada". Senti esse clima no ar. Reuni meus colegas e, sem a presença do técnico, toquei a real:

"Só tem uma maneira de sermos campeões hoje. Vamos colocar uma pedra sobre o que fizeram conosco aqui em Santiago e tratar de jogar bola. A gente só vai sair com a taça se for assim. Esquece esses caras mandando dar porrada, não podemos entrar numa de revidar."

Todo mundo estava revoltado. Sofremos horrores no Chile, no segundo jogo. Hoje, pensando bem, apesar de terem pisado no Junior, de o Adílio sair com o supercílio aberto e de soltarem cachorros em nós, a melhor coisa foi termos perdido em Santiago. Prefiro nem imaginar como sairíamos caso fôssemos campeões. Deixar o estádio seria perigoso demais.

Quanto ao Anselmo, que foi sacado do banco nos instantes finais para entrar e dar um murro no rosto do Mario Soto, aquele zagueiro maldoso que jogava com pedras nas mãos, foi a pior coisa que pôde acontecer para a carreira dele. Nenhum de nós sabia que tinham lhe dado essa incumbência. Se tivessem me contado, eu não teria permitido.

Anselmo era um baita jogador. Jovem, raçudo e técnico. Acabou marcado. Deixou de jogar a final do Mundial por estar suspenso e foi mandado embora no começo do ano seguinte. Violência não leva a lugar algum.

É preciso se manter tolerante, mesmo diante das adversidades. Há de ser inteligente e saber esperar, porque para toda ação vem uma reação. A nossa foi sairmos do Uruguai campeões. A do Anselmo, arranhar sua imagem à toa, por ter atendido um pedido equivocado no calor da emoção.

É PRECISO SE MANTER TOLERANTE, MESMO DIANTE DAS ADVERSIDADES.

Defendendo o grupo a qualquer custo

Ainda sobre a conquista da Libertadores, briguei com o Renato Maurício Prado em 2009. Trabalhando na Rússia como técnico do CSKA, li pela internet uma coluna dele que deu raiva. Simplesmente, ele resolveu jogar suspeita quanto a nossa vitória em Montevidéu.

Ora, toda vez que ele me ligava, eu o atendia. Daquela vez, sem sequer me telefonar, escreveu que o nosso time se dopou. Como exemplo, citou Andrade, que sempre foi um "monge"; de tão calmo, acabou expulso. Fiquei uma fera. Mandei-lhe um e-mail, copiando todos do time antes de apertar o botão de enviar.

"Por que você pôs todo mundo em cópia?", ele questionou.

"Por quê?", me irritei ainda mais. "Porque eu era o capitão daquela equipe e continuo os representando. Eles precisam saber que existe alguém que os defende, ainda mais de uma acusação leviana. Mesmo longe, defenderei aquele time até o final. Saiba que todos já estão cientes de como você age e o quanto você foi covarde. Não se acusa ninguém sem provas. Como jornalista, você sabe disso!"

Ele enfiou o rabinho entre as pernas. Disse que o Dunshee de Abranches, presidente do Flamengo na época, passou a informação. Nem escutei, mas dei um ultimato:

"Vai, publica agora essa carta aí! Quero ver se você vai fazer uma coluna que nem aquela, mas dessa vez com a nossa defesa."

Nem sei se escreveu, problema dele.

O "nós" é mais importante que o "eu"

Em qualquer esporte coletivo – e, amplio aqui, em qualquer trabalho coletivo –, como disse, é imprescindível que o grupo trabalhe com prazer. Até o quarto goleiro precisa estar feliz. Quando o chamava após o treino, para me ajudar nas faltas, pedia para ficar parado enquanto as cobrava. Ele se sentia útil. Percebia que era importante, fazia parte do nós mesmo que o seu eu não fosse ainda suficiente para assumir uma posição de destaque.

Travei boas discussões com quem chegava ao clube pensando somente em si, sem se importar com o resto, na linha de *se eu estou bem, foda-se o outro, o time*. Em uma reunião de vestiário, ouvi certo jogador dizer:

"Se perdermos de 5 × 2 e eu fizer os dois, tá bom pra mim."

Quase deu briga, precisamos segurar alguns jogadores. É preciso colocar de lado o cada um por si. Telê nos dizia que individualismo traz vitórias, não títulos. Conquistas vêm do coletivo, quando todos dão o seu máximo. Até porque nem sempre os onze estarão em um bom momento ao mesmo tempo.

Se em determinado jogo dois atletas não estão bem, os reservas entram para ajudar. Noutra partida pode ser que outros também não estejam em um dia bom. Caberá aos suplentes manter o time no mesmo nível.

Essa questão do "nós" é fundamental. Quando fomos disputar o Mundial, em 1981, havia em Tóquio dois prêmios individuais em jogo. Um para quem fosse eleito o melhor em campo, outro para o artilheiro da partida. Cada qual ganharia um carro do patrocinador do evento, no caso, um Toyota zerinho. Reuni o grupo:

"Quem ficar com esses carros vai dividir o valor com os demais, ok?"

Alguns são mais midiáticos ou têm maiores chances de se destacar. Um atacante, por exemplo, pode errar dez chutes, mas se fizer o gol da vitória sai como herói. Já um zagueiro dificilmente será eleito o cara do jogo. O goleiro, então, apenas se a partida for para a decisão por pênaltis e nela ele se consagrar.

O que eu disse para o grupo em nada alteraria o nosso espírito de vencedor. Pelo contrário, todos cooperariam mais, conscientes de que a premiação seria rachada.

Quando a Toyota descobriu que trocaríamos os carros pelo valor em dinheiro para dividir, nos chegou a informação de que ao menos um dos carros teria que ir para o Brasil. Assim que eu e Nunes os ganhamos – eu, por me elegerem o melhor jogador; ele, por ter sido o goleador da final –, calculamos quanto custava cada veículo e rateamos o valor. Afinal, todos nos ajudaram a ganhá-los e, principalmente, a vencer o Liverpool por 3 × 0. Inclusive o Anselmo, que viajou conosco sem poder ser relacionado, devido à suspensão recebida após a expulsão na final da América.

Saímos de Tóquio para curtir as férias no Havaí, mas no começo de 1982 voltamos dispostos a continuar mandando no futebol brasileiro. Nossa meta era conquistar mais e mais. Assim, todos seguiríamos ganhando. Sem exceções.

Derrotas e fracassos são oportunidades

No futebol, passamos por momentos delicados. Alguns, de tão difíceis, ensinam a gente a se superar. Falo de contusões sérias, algumas graves, e também de derrotas dolorosas. Temos que encarar as adversidades como oportunidades de aprendizado e a, partir de então, tentar melhorar.

Em relação às grandes derrotas da vida, além daquela diante do Vasco, em 1977, outra dor incomensurável foi a perda da Copa do Mundo da Espanha, em 1982. Até hoje, aonde quer que eu vá, torcedores de vários países me reconhecem por causa da beleza do futebol que praticamos.

Apesar de não termos levantado a taça, deixamos um legado. Grandes seleções fizeram mais história que outras campeãs. Como a Hungria de 1954, a Holanda de 1974 e aquela nossa geração. Impossível não nos orgulharmos disso. Por isso, nem sempre a vitória é sinal de sucesso. Muitas vezes, um jogo bem jogado, a postura em campo e fora dele, vale mais do que o placar final de uma partida.

Entrei naquela Copa como o melhor jogador do mundo. A *World Soccer*, revista inglesa considerada a mais importante da Europa, me elegeu dessa forma. Assim como a brasileira *Placar*, a italiana *Guerin Sportivo*, a argentina *El Gráfico* e a *Don Balón*, da Espanha, entre outras publicações conceituadas.

Eu já tinha o nome badalado no país. Muito, por ter conquistado pelo Flamengo o tradicional torneio Ramón de Carranza, em 1979 e em 1980. Quanto à seleção, o Brasil estava na crista da onda. Em maio de 1981, derrotamos a Inglaterra em seu templo sagrado, o estádio de Wembley. O jogo terminou 1 × 0, gol meu. Pela primeira vez, uma seleção sul-americana vencia os donos da casa naquele estádio, que completava 60 anos. No mesmo mês, metemos 3 × 1 na França, em Paris, e fizemos 2 × 1 na Alemanha, em Stuttgart. Não à toa, entramos como favoritos no Mundial da Espanha.

Sobre a Copa em si, minha satisfação é gigante por ter feito parte daquele time. Dei tudo de mim. Tanto os titulares como os reservas, todos obtivemos sucesso em nossas carreiras, individualmente falando. Como equipe, infelizmente, devido a um único dia em que as coisas não correram bem, cometemos mais erros que o normal e saímos da competição de forma precoce. Copa do Mundo é assim. Se o jogo é de mata-mata, uma das equipes vai ser eliminada, sem dó nem piedade.

Não tenho dúvidas de que fizemos bonito, o mundo diz isso para nós. Cumprimos com o que o treinador nos pediu. Telê quis apresentar ao planeta o futebol-arte, e recentemente ouvi Pep Guardiola, um dos melhores treinadores da atualidade, dizer que muito do que aprendeu no futebol foi inspirado naquela seleção.

Para times e seleções que surgiram depois, o que aconteceu conosco serviu de referência ou alerta. Talvez a nossa equipe fosse ótima para um campeonato de pontos corridos, mas em mata-mata não se pode errar tanto.

Mesmo quando eu era marcado homem a homem, no Flamengo, tocavam para mim. Gentile, o italiano que ficou na minha cola, havia marcado Maradona na partida anterior, mas no começo do nosso jogo ganhou o amarelo. Nisso, me deu mais espaço do que eu esperava. Mas, ao me verem com ele por perto, os meus companheiros passaram a não tocar para mim. Eu chegava a gritar para me acionarem mais. Resumindo, quem mais me neutralizou naquele dia foi o meu time, ao não me municiar como deveria.

Numa das poucas que recebi, eu me livrei do Gentile e deixei Sócrates livre para empatar. Compreendo, é automático, os caras veem outros livres e tocam para eles. Porém, praticamente fui tirado do jogo. Corria que nem barata tonta e não me passavam a bola.

Causio comentou comigo que os italianos tinham tanto respeito por nós que foram para o jogo de malas prontas. Deixariam a Espanha após a partida, não acreditavam que pudessem nos vencer.

Essa dor é inconsolável. Foi a única Copa em que pude disputar todos os jogos sem lesão. Joguei mais de cinquenta partidas oficiais pela seleção, inclusive três Mundiais, e minha única derrota com a camisa do Brasil é essa.

Ainda assim, não posso reclamar. Aliás, não costumo reclamar de nada. Se Deus quis assim, sigamos em frente. Aprendendo sempre.

Desafiando o poder com autoridade

Vejo muita gente reclamar do nível da arbitragem. É indispensável uma atuação justa e precisa por parte de quem apita. Muitas vezes critiquei juízes, admito, não consigo me segurar quando vejo algo errado. Fazer reivindicações é postura de um líder. Ainda mais quando são para o bem do time.

Algumas vezes, critiquei a falta de preparo de certos árbitros. Em um Flamengo × Atlético Mineiro, em 1982, Dulcídio Wanderley Boschilia exagerou na dose. Estendeu o vermelho para um zagueiro nosso, Figueiredo, que havia cometido uma falta desleal. Porém, após expulsá-lo, resolveu ofendê-lo:

"Você é um marginal, deveria ser preso. Sai, bandido, cai fora daqui!"

Corri para cima dele:

"O que é isso, o cara não foi expulso? Quem está perdendo a razão, agora, é você!"

Ele não tinha o direito de humilhá-lo. Se o pôs para fora, não precisava dizer mais nada. Perdeu a razão, igual a quem cometeu a falta. Árbitro tem poder para tirar de campo quem quiser, mas não para destratar um atleta, por pior que ele tenha feito. O cartão foi dado? Ponto-final, então.

Naquela hora, eu me exaltei, mas estava coberto de razão. Tanto que Boschilia nem me deu o amarelo. Ninguém sabe o que é falado no calor da disputa, e apenas defendi um companheiro de profissão. Podia ser do time adversário, de repente eu faria o mesmo.

Ao voltarmos do intervalo, o próprio árbitro assumiu:

"Zico, me desculpe. Eu errei."

"Não, Boschilia!", respondi, mais calmo. "Só quis te alertar. Você fez a sua parte e a fez muito bem, foi lá e o expulsou. Então, fim de papo, ainda mais que ninguém contestou. O que não pode é agredir com palavras. Se eu tivesse o mesmo poder que você, pode ter certeza, te daria o vermelho na hora."

Walter Senra, conhecido no Brasil como "Bianca", durante um Fla-Flu veio com tudo me erguer um amarelo. Empolgado, gesticulou de forma espalhafatosa, fazendo a festa da torcida tricolor. Perguntei:

"Vem cá, você não me deu o cartão? Eu não fiz por merecer? Então, acabou! Por acaso eu te disse algo pra você agir assim? Quer aparecer pra multidão, é isso, puxa o vermelho, então!"

"Não, Zico...", ele baixou a cabeça.

"Você está fazendo tudo isso aí por causa de quê? Já cumpriu com a sua obrigação, que é me advertir com o cartão. Se não reclamei de nada, pra que essa cenografia toda?"

Ele engoliu em seco. Tempos depois fez *mea-culpa*:

"Poxa, Zico, acabei me empolgando naquele dia..."

==É importante diferenciar poder de autoridade. Juiz tem poder, expulsa quem quer. Autoridade só tem quem está com a razão.==

Dei uma dura no Leandro, nosso lateral-direito, durante a semifinal do Campeonato Brasileiro de 1982. Havíamos vencido o Guarani no primeiro jogo e fomos jogar a partida decisiva em Campinas. Eles fizeram 1 × 0 no comecinho, gol que os classificava. Minutos depois, rolou um escanteio a nosso favor. Quando fui bater o corner, choveu de tudo em cima de mim: pilhas, copos, garrafa, chaves, rádios, sapatos, até urina tacaram das arquibancadas. Deixei a bola na marca e me afastei. Por duas vezes tentei me aproximar, mas fui impedido. Avisei ao juiz que não bateria enquanto o público não parasse.

Tentando bancar o bom moço, Leandro resolveu cobrar o corner. Virei bicho:

"Não vai bater essa merda porra nenhuma. Saia já daí", gritei.

Em seguida virei para o árbitro:

"Não tem mais jogo, dessa forma não dá. Não vamos bater nada enquanto a torcida não parar com essa babaquice."

Foram seis minutos de paralisação. Dei aquele esporro no Leandro porque a torcida deles não tinha o direito de fazer aquilo conosco. Viramos o jogo e chegamos à final. Contudo, eu e Leandro ficamos um tempo sem nos falar.

Nessas horas, não importa se é amigo, irmão ou colega, você precisa exercer a sua função de líder. Como capitão da equipe, estava lutando por algo que beneficiaria a todos.

Não suporto superstição. Em 1983, fomos treinados pelo Carlos Alberto Torres, o Capitão do Tri na Copa do Mundo de 1970. Supersticioso, depois de uma vez que ele tirou o Baltazar para pôr o Robertinho e vencemos, passou a fazer direto a mesma troca só porque tinha dado certo aquela vez. Achava que, agindo assim, traria sorte.

==Para mim, superstição tira a força do trabalho. Se é ela que ganha o jogo, nem precisamos trabalhar.==

Minha última partida pelo Flamengo antes de me transferir para o futebol italiano foi sob o comando do "Capita". Era a decisão do Campeonato Brasileiro de 1983. A partida aconteceu em um domingo, 29 de maio. Decidi dar tudo no começo, queria resolver quanto antes. Acabei marcando um gol aos quarenta segundos! Diante de mais de 155 mil torcedores, recorde de público na História do Brasileirão, derrotamos o Santos por 3 × 0, no Maracanã.

Duro foi ser campeão e dar a volta olímpica ouvindo a torcida gritar o meu nome ciente de que não desfrutaria mais daquele prazer, porque o Flamengo tinha decidido me vender para a Itália.

Viver é assim, nunca sabemos o dia de amanhã. Mas um profissional tem que ser profissional sempre, não importa onde. Caso contrário, jamais obterá reconhecimento.

DENTRO E FORA DE CAMPO

- Nem sempre vitória é sinônimo de sucesso. Muitas vezes, uma partida bem jogada, um jogo bem-feito, te conduzem ao reconhecimento.
- Poder e autoridade são coisas diferentes.
- Rivalidade, só dentro de campo. Fora dele, vida que segue.

CAPÍTULO 6

Humildade e correção para brilhar no exterior

(Udinese – 1983/1985)

EM MARÇO DE 1980, O MILAN ACENOU ME COMPRAR. A ROMA entrou na jogada também, mas eu já tinha fechado com a Udinese, em 1983. Na Itália, viveria bons e maus momentos.

Em dezembro de 1980, eu tinha deixado a cidade de Udine com água na boca. Um quinto dos 100 mil habitantes da região assistiu no estádio a um combinado de jogadores brasileiros derrotar um time formado por astros que atuavam no futebol italiano. O jogo acabou em 2 × 1 e marquei um gol de cinema. O público não me deixou sair. Gritavam o meu nome, me aplaudindo de pé.

Mudar é preciso

O presidente do Flamengo, Antonio Augusto Dunshee de Abranches, fez o diabo para me vender. Temia ficar sem um tostão caso eu resolvesse deixar o clube.

Ainda existia o passe. Bastava pagar um valor estipulado pelo clube para adquirir o jogador. Esse passe, no entanto, tinha prazo de validade. Ao completar 32 anos, o jogador recebia o passe livre desde que tivesse também dez anos de contrato. Dali em diante, tipo carta de alforria, passava a ser dono do próprio nariz, podendo negociar com quem quisesse, à revelia do clube.

Eu estava para receber passe livre em dois anos. Antevendo esse momento, o mandatário do Flamengo resolveu me negociar. No fundo, eu preferia ficar. Estava bem, o time ganhava tudo e havia patrocinadores dispostos a cobrir a proposta da Udinese. Dunshee, contudo, sonhava com os milhões de dólares que o clube receberia ao me vender. Bastava assumir isso. No entanto, ele divulgou que eu estava forçando a barra para sair. Na boa, jogar atleta contra a torcida não existe.

Quando um homem é forte de espírito, sobrepõe-se aos efeitos da maldade e aos dissabores que a vida volta e meia apresenta. Assim, em junho de 1983, desembarquei no aeroporto de Roma, sendo recebido por uma legião de fãs. A seiscentos quilômetros da capital, em Udine, outra multidão me esperava de braços abertos. Recebi um carinho acolhedor. Desfilei em carro aberto, assistindo às pessoas acenarem felizes. Jogavam flores, vibravam com a minha presença na cidade. Da manhã à noite, vi cenas comoventes.

Conheci meu novo clube no dia seguinte. Em meu primeiro contato com os companheiros, quem me cicerroneou foi o zagueiro Edinho, meu ex-rival de Fla-Flu e companheiro de seleção.

A equipe tinha bons valores, como os meias Gerolin e Massimo Mauro, além dos atacantes Causio e Virdis. Na temporada 1983/1984 obtivemos ótimos resultados. Fui eleito o melhor jogador do Campeonato Italiano e terminei a competição como vice-artilheiro. Marquei dezenove gols em 23 partidas, um gol a menos que Michel Platini, astro da poderosa Juventus que jogou seis partidas a mais do que eu.

Platini ergueu a taça e assinalou apenas um gol a mais do que o total que eu marquei. Contudo, como por lá se premia pela média, fui considerado o artilheiro do *calcio*, o campeonato italiano.

Enfrentando problemas de peito aberto

Nunca vou me esquecer de certas coisas que passei na Itália. Em novembro, com um gol meu, vencemos a Roma na capital – primeira vitória sobre essa equipe na história. Se dentro de campo havia motivos de sobra para comemorar, os piores problemas estavam por vir, só que do lado de fora.

Nosso presidente, Lamberto Mazza, além de não entender nada de futebol, ainda brigou feio com o gerente-geral, Franco Dal Cin, quem intermediara a minha contratação, quando estávamos em terceiro lugar no campeonato.

Sem diretor, ficamos à deriva. Colocaram gente que não conhecíamos, a arbitragem deitou e rolou contra nós e a coisa ficou feia. Para piorar, sofri contra o Milan uma distensão aos dez minutos de jogo e, sem poder ajudar, caímos da sexta para a nona colocação.

Ao fim da temporada, nosso técnico Enzo Ferrari se transferiu para o Zaragoza, da Espanha. Dal Cin preferiu trabalhar em Milão. Sua saída causou um desastre. As explosivas contratações que a Udinese havia me prometido jamais se concretizaram. Pelo contrário, o time se desfez. Venderam jovens peças que vinham começando a se firmar, e o nosso nível caiu. Passamos a lutar contra o rebaixamento.

Eu tinha propostas do Napoli e da Roma para sair. Dal Cin também tentou me levar para a Internazionale. Mazza sequer se moveu com os assédios. No final, terminamos a segunda temporada na acanhada 12ª colocação.

A questão do rebanho

Desembarquei na Itália como estrela internacional. Meu clube era visto como de menor expressão, mas pouco me importei com isso. Gostei mais que o calendário na Europa era levado a sério. Assim que cheguei, soube dia, local e horário de todos os jogos que faríamos ao longo da temporada.

As partidas aconteciam somente aos domingos, o que é importante por não desgastar o atleta. O jogador ganha mais tempo para se preparar, descansar e aprimorar a forma física e técnica. Seu rendimento aumenta, e, caso alguém se lesione, o departamento médico tem uma semana inteira para recuperar o atleta.

Todos no elenco ganhavam menos que eu. Para piorar, a Itália havia sido campeã mundial no ano anterior. Assim que vesti o uniforme, antes do primeiro treino percebi colegas receosos quanto à minha chegada:

"O cara é estrangeiro, deve vir pra cá se achando..."

Erraram feio. Cheguei treinando mais que todos. Ao demonstrar profissionalismo, ganhei o respeito de cada um. Não adianta vir com certo status e não fazer nada. Mas, se fizer, surpreenderá, e superará qualquer preconceito.

A base da equipe era formada por jovens. Quando perceberam que, em vez de estrela, eu era somente mais um a somar no elenco, os garotos vieram surfar a mesma onda que eu. É a questão do rebanho. Se pensasse apenas em quanto receberia, e não nos objetivos do clube, contaminaria muitos garotos. Contudo, ao demonstrar ser profissional ao extremo, o plantel passou a me respeitar e a fazer igual a mim. Nisso, alguns meninos chegariam à seleção.

Mais importante que dinheiro é conquista

Antes do embarque para a Copa do Mundo da Itália, em 1990, os jogadores da seleção brasileira posaram para as fotos oficiais escondendo os patrocinadores estampados na camisa. A CBF tinha uns oito patrocinadores, mas quem entra em campo é o jogador. A Confederação não pagava aos clubes, todavia estes se viam obrigados a ceder seus atletas, sem nada receber em troca e ainda correndo o risco de perdê-los por contusão.

Numa época, a CBF pagou aos clubes um percentual pelos dias nos quais fosse contar com cada convocado. Fiquei um tempo sem ser chamado, porque não quiseram dar dinheiro ao pessoal da Udinese.

Na minha opinião, a CBF deveria honrar, além do proporcional salarial, parte do décimo terceiro. Se chama um atleta por um mês, acho justo indenizar o clube por igual período. Vivi essa situação na seleção de 1982. Alguns companheiros queriam discutir quanto receberíamos pela conquista. Cortei aquele barato:

"Gente, vamos tratar de ir passando de fase, que eles vão ter que nos pagar muito mais…"

Ganharíamos casa, lancha, carro, tudo, desde que fôssemos campeões. Dinheiro não pode motivar um profissional a se doar mais em campo. Não é por causa dele que a gente se esforça. Jogador precisa de títulos. Só assim se diferencia dos demais. Ganhar um jogo independe do prêmio ofertado. A gratificação pode ser pequena em uma partida, mas, se a equipe for campeã, todos saem mais valorizados da competição. Vencer um campeonato mundial, então, não há dinheiro que pague. Nosso nome fica marcado e seremos lembrados eternamente, sendo ou não titular. Tem muita gente que não jogou nada e enche a boca para dizer que é campeã do mundo, mesmo nem tendo aparecido na foto.

Grandes campeões ficam marcados em fotografias, pôsteres, programas, filmes. Quem está no elenco ganha junto. Não é culpa de um ou outro não participar nem substituir alguém. Apenas não tiveram chance, pois no plantel havia peças que, no modo de entender do treinador, eram melhores opções.

No Flamengo, eu pensava da seguinte forma: jogamos em um time do qual milhares de profissionais sonham fazer parte, portanto estávamos tendo uma baita oportunidade. Gratificações, deixemos para depois. Importante é saber a diferença entre cobrar após ter conquistado e exigir antes da disputa.

Conquiste primeiro. Depois, cobre à vontade.

CONQUISTE PRIMEIRO. DEPOIS, COBRE À VONTADE.

É preciso saber ouvir

Um líder precisa ser democrático. Tem que saber ouvir e estar disposto a fazer o melhor para o grupo. No Flamengo, por exemplo, a gente nem ficava em concentração. Quando um treinador opta por um sistema assim, a responsabilidade do jogador aumenta. Se, no dia do jogo, eu tivesse que chegar às dez da manhã na concentração, sendo que na véspera havia dormido depois da meia-noite, porque a adrenalina não baixava, pedia ao técnico:

"Professor, não quero chegar às dez, não. Vou ter que despertar às oito, e não me sinto bem fazendo tudo na correria. Prefiro dormir na concentração, posso?"

O pessoal a preparava, e eu repousava lá por vontade própria. A não ser que me permitissem chegar mais tarde. Não por privilégio, mas por costume.

Como disse, meu último jogo pelo Flamengo foi a final do Campeonato Brasileiro. Naquele dia, cheguei à concentração ao meio-dia e meia. A partida começava às cinco. Quando contei isso a meus companheiros de Udinese, ninguém acreditou. Nossa liberdade era enorme, mas, se alguém "mijasse fora do pinico", estava ferrado. Cada um tem que ser responsável por si. Não há crianças em um grupo de profissionais.

Se os solteiros quisessem dormir na concentração, ela ficava de portas abertas para recebê-los. Os casados, em geral, optavam por ficar em casa, mas a decisão era democrática, não prejudicava ninguém. A gente decidia nas reuniões o que era o melhor para cada um. Agíamos sem fazer alarde, nada saía em jornal. Diferentemente da Democracia Corinthiana, que se gabava por fazer o mesmo.

Manter a postura diante de qualquer um

Sou um cara autêntico, me aproximo das pessoas que têm a mesma postura. É assim que se aumenta a confiança mútua. Por melhor que um jogador seja, precisa ver que é tratado da mesma forma que outro porventura inferior, tecnicamente falando.

Nunca mudei o meu jeito de ser, fosse diante de jogadores, treinadores, dirigentes, presidentes de clube, empresários ou torcedores. Não dou motivo para falarem que ajo diferente, de acordo com o grau hierárquico. O respeito é o mesmo com quem quer que seja.

Me irrito, sim, se tentam me obrigar a fazer o que não quero. Não gosto e não faço. Brigava até com amigos próximos quando vinham me aconselhar:

"Você tem que andar assim, vestir-se assado e se barbear, para manter a boa imagem."

"Quem precisa de boa imagem é televisão", retrucava.

A pessoa precisa ser verdadeira, isso sim; caso contrário, perde moral e credibilidade. Atualmente, meus amigos entendem quando digo "hoje não posso" ou "hoje não quero". Compreendem que nem sempre vou fazer o que esperam que eu faça.

Para evitar situações como essa, costumo exercitar a paciência. Principalmente em público. Caso esteja aborrecido, eu nem saio de casa. Recluso, não vou descontar em quem nada tem a ver com os meus problemas.

Aprendi a exercitar a paciência na época da Udinese. Fiz um trabalho de recuperação muscular com Fausto Anzil, preparador físico que tinha uma visão diferenciada, não falava apenas de futebol. Certa vez, caminhando juntos, ele me disse algo que jamais esqueci:

"Na vida a gente precisa ter duas coisas: memória e paciência."

Como não captei o teor, ele prosseguiu:

"Memória, para lembrar sempre que tem que ter paciência."

Compreendi e carrego esse aprendizado. Na verdade, essa sabedoria. Quando me transferi para o Japão, país onde a paciência é característica das mais marcantes, entendi ainda melhor.

Se *O efeito Zico* segue à tona tantos anos depois que parei de jogar, acredito ser por conta da minha postura como cidadão e profissional. Alguém que vira uma pessoa tão pública como eu virei, tendo os passos observados o tempo inteiro, precisa ser assim. Caso contrário, pira.

De acordo com as situações que a vida apresenta, você vai passando a ter mais paciência e um maior conhecimento de quem é e do nível que alcançou na profissão. Entendo que muito do que sou se deve ao público, por isso trato todos como gosto de ser tratado.

Ao conviver com grandes nomes não apenas do meu meio, mas também de outras culturas, compreendi a importância que temos para o público. Desde que comecei a fazer propagandas na televisão, jamais pedi licença para entrar na casa das pessoas. Invadia o jantar de uma família chamando-os para comprar algo ou avisando das campanhas beneficentes que faríamos. Muita gente aderia.

Eu não conhecia as pessoas que compravam a minha ideia. Para elas, entrei sem pedir licença em sua casa e, mesmo sem nunca terem me visto de perto, faziam o que eu pedia. Por isso, quando me veem na rua, tratam-me como se eu fosse íntimo, familiar. A recíproca é verdadeira. Passaram a ser pessoas que, de certa forma, eu também conhecia.

A verdade sobre o fisco italiano

Apesar do sucesso que fiz na Udinese, enfrentei sérios problemas ao sair da Itália, como expliquei no começo do livro. Falo da situação do fisco, quando acharam que soneguei imposto de renda, sendo que o tinha honrado no Brasil.

Prestes a ser julgado, só me autorizaram a deixar o país porque fui convocado. Aproveitei e resolvi não voltar. Pedi a um amigo que morava em Veneza que, de caminhão, colocasse tudo o que tinha na minha casa de Udine no primeiro navio destinado ao Brasil. Antes de partir, fui firme com o Mazza:

"Acho melhor o senhor me negociar; caso contrário, vai perder dinheiro. Depois de tudo o que me aconteceu por sua causa, aqui não jogo mais, prefiro abandonar o futebol."

Ele sentiu que eu estava falando sério e aceitou me revender para o Flamengo a preço de banana, apesar dos 57 gols marcados em 79 partidas, média excepcional para o ríspido *calcio*.

Dei sorte de um gênio da publicidade, Rogério Steinberg, ter capitaneado uma operação de guerra para me repatriar, obtendo êxito ao final.

Quanto aos jornais italianos, que abusaram do sensacionalismo nas capas com fofocas, denúncias e informações falsas – o que colocava meus princípios, conceitos morais e a minha dignidade *sub judice* –, quando fui absolvido, os mesmos veículos se limitaram a divulgar mínimas notas de rodapé, nas páginas de Esporte, afirmando que não tive culpa em nada.

Fazer o quê? Imprensa é foda.

Uso indevido da marca

Não foi a primeira vez que o meu nome foi usado de maneira indevida. Nos Estados Unidos, criaram uma água de coco chamada *Zico*. A marca existe até hoje, a Coca-Cola a comprou. Cheguei a ir à sede da multinacional, no Rio de Janeiro, conversamos, mas nada foi resolvido. O produto continua sendo comercializado, sem que eu tenha autorizado, e, portanto, não recebo nada por isso. Nem garanto que se trata de um bom produto.

No Brasil, se alguém lança algo sem a minha permissão com a marca Zico, eu veto na hora. Pode ser chuteira, garrafa, o que for. É um direito que tenho. Nos Estados Unidos, não. Aliás, em nenhuma outra parte do mundo. Imagina registrar sua marca em todos os países do planeta... impossível!

Em 1986, o Flamengo excursionou pelo Oriente Médio. Em um shopping, no Bahrein, bati de frente com uma butique cheia de produtos com a marca Zico. Mozer quase partiu pra cima do dono. Havia tudo o que se possa imaginar com o meu nome. A própria loja se chamava Zico! Nosso advogado, Michel Assef, pediu que deixássemos quieto.

DENTRO E FORA DE CAMPO

- Nem tudo é dinheiro.
- Mostrar o seu talento, o que você faz de melhor, abre mais portas do que o saldo da sua conta bancária.
- Nunca deixe que o sucesso e a fama passem por cima de quem você é longe das câmeras.

CAPÍTULO 7

Sacrifícios e derrotas viram aprendizados

(Flamengo/Seleção brasileira – 1985/1990)

DE TODAS AS ADVERSIDADES POR QUE PASSEI, NADA SE COMpara ao que houve comigo em um jogo contra o Bangu, em agosto de 1985, pouco após ter voltado da Itália. Um defensor me pegou na maldade. Deixei o campo de maca e com as seguintes contusões: torção em ambos os tornozelos, pancada na cabeça do perônio da perna direita, quatro ferimentos profundos na canela esquerda e uma torção do joelho esquerdo que causou ruptura do ligamento cruzado anterior, do tendão rotuliano e do menisco interno.

Compreenda o que se pede

O Bangu tinha um bom time e era vice-campeão nacional. Porém, foi instruído a me parar de qualquer jeito. Sempre que eu pegava na bola, aparecia alguém mal-intencionado. A ordem partiu do técnico Moisés, um violento ex-zagueiro brasileiro.

==Bom, cada um entende como quer quando o mandam "parar alguém"==. O zagueiro Márcio Nunes, ao cumprir aquelas ordens, fez o que julgou o melhor a ser feito. Azar o meu.

Tanto a medicina como o processo fisioterápico eram incipientes naquela época. Com artroscopia, operei o menisco, mas não fiz a cirurgia que resolveria o ligamento cruzado. Retornei, no começo de 1986, em um Fla-Flu. A torcida tricolor zombava de mim o tempo todo – muito, graças ao Dunshee, aquele presidente que me vendeu para a Itália. Durante a semana, ele alegou ter me negociado porque eu estava bichado. Com sangue nos olhos, marquei três na goleada rubro-negra por 4 × 1.

Após o jogo, juntei-me aos companheiros da seleção, que se concentravam para a Copa do Mundo do México. Um dos amistosos preparatórios era contra o Chile. Três dias antes, havia feito outros três gols contra a antiga Iugoslávia. Parecia tudo bem, entretanto, contra os chilenos, tornei a sentir dores. Na verdade, não conseguia me apoiar com a perna esquerda. Ela não tinha sustentação devido à fraqueza do ligamento. Para piorar, aos quinze minutos daquele jogo, eu torci o joelho.

Fiz exames detalhados em São Paulo e o resultado acusou rompimento total do ligamento cruzado. A solução era operar, mas a recuperação levaria nove meses. Ou seja, eu perderia a Copa. Faltavam dois meses para o Mundial.

Como estávamos em ritmo avançado de preparação, desisti da competição. Quem me convenceu a permanecer foi nosso médico, o doutor Neylor Lasmar:

"Zico, se operar agora, esquece a Copa. Caso não opere, a gente pode, aos poucos, fortalecer sua musculatura posterior da coxa. Assim, tenho certeza de que você conseguirá jogar o Mundial normalmente."

"Doutor, com todo respeito, dói muito. Acho melhor não ir. Do jeito que estou, nem quero viajar."

A dor que eu sentia não era somente física. Nenhum jogador que consegue uma vaga para disputar a Copa do Mundo quer abrir mão dessa oportunidade. Mas, mesmo com dor, saber a hora de parar, de respeitar os sinais do corpo, é saber prolongar a carreira. Mal sabia eu o que me esperava.

Superar-se é preciso

Por clamor popular, nosso técnico voltara a ser o mesmo da Copa anterior, Telê Santana. Ele nem aventou a hipótese de não contar comigo no torneio. Pediu que eu tentasse com todas as forças, visto que a competição seria de tiro curto, sete jogos no máximo.

"Ah, Zico, fica com a gente. Jogue nem que seja um pouco, porque o seu pouco nos será mais do que suficiente, ajudará e muito o grupo."

"Tudo bem, seu Telê, eu vou. Mas podem acontecer certos problemas comigo...", deixei claro.

Viajamos para o México e, em vez de treinar com bola, me enfurnei na sala de musculação. Diariamente, acordava às seis da manhã para me exercitar por duas ou três horas, sem intervalo.

De repente, o Mozer se machucou e precisou operar às pressas nos Estados Unidos. Pedi ao Neylor que fosse junto. Irredutível, Telê seguia acreditando que eu seria importante na Copa do Mundo. O médico, também. Aliás, toda a comissão técnica e meus companheiros. Acabei ficando.

Quando treinava com bola, tudo aparentava estar normal. No primeiro jogo, contra a Espanha, por opção do treinador, fiquei no banco. Na partida seguinte, diante da Argélia, estrearia na competição.

Durante o último treino, após ter feito um gol e participado com desenvoltura do coletivo, numa brincadeira de dois toques fui me equilibrar na perna esquerda e o joelho falseou. Inchou de imediato. Que merda, logo na véspera... Nem fiquei no banco.

Voltei para as sessões de tratamento. Doutor Neylor retirou o líquido do local, aplicou gelo, fez contração e, em três dias, o joelho desinchou. Estava pronto para a próxima partida, contra a Irlanda. Telê, no entanto, preferiu me manter na reserva.

O joelho voltou ao normal, a dor se foi e, por mais que eu tentasse entender o treinador, não conseguia compreender por que optou por me deixar no banco. Como profissional, respeitei. Era um receio dele, contudo o meu era maior. Se entro durante o jogo, não posso me machucar; caso contrário, deixo o time com dez.

Além do sacrifício por que passei, havia a questão de não ganhar a confiança do técnico para entrar de cara. Passei a maior parte da carreira jogando desde o início, mas, de repente, atuaria apenas nos minutos finais. Quando começasse a gostar do jogo, a partida acabaria. Me arrependo. Deixei de lado o que o coração pedia e viajei para ser apenas mais um entre os 22.

Eu me sentia em condições de ser titular. Na minha cabeça passava o seguinte: se tenho um problema, mais fácil é entrar e jogar. Se surgir algum imprevisto, basta me tirar. Melhor do que entrar no lugar de outro e correr o risco de queimar à toa uma substituição.

Estava me sentindo bem. Contra a Irlanda, no terceiro jogo, assim que entrei, coloquei de calcanhar e deixei o Careca livre para marcar. A partida seguinte era contra a Polônia, pelas oitavas de final. Sei que não estava zero-quilômetro, mas, como joguei a vida toda entrando de início, saberia dosar. A gente sente o clima do jogo, percebe do que o time precisa. É uma questão de observação, mas que só pode ser feita de dentro do campo. Se você é posto nos últimos minutos do jogo, entra querendo resolver tudo de vez, o que pode ser fatal.

Se não estivesse com aquele problema, sei que poderia ser um trunfo, uma carta na manga para o Telê utilizar quando bem entendesse. Quem sabe, decidiria o jogo em um único lance. Mas com o joelho ruim, caso dominasse a bola me apoiando com a esquerda, poderia torcê-lo e teria de ser substituído.

Telê insistia em me deixar no banco. Condições físicas, eu tinha. Vinha treinando normalmente, apenas não podia saltar nem fazer base com a esquerda.

Quem vê o pênalti que sofri contra a Polônia percebe o esforço que fiz para conduzir a bola até a área adversária. Parecia que corria em câmera lenta. Era doloroso e perigoso disparar com tudo. Por conhecer os atalhos, cortei o zagueiro na área e deixei o corpo para sofrer o pênalti. Como o jogo estava decidido, deixei o Careca cobrar. Por ele vir disputando a artilharia, eu precisava ter maturidade para reconhecer o que meu companheiro vinha fazendo e dar espaço para que brilhasse ainda mais. Muitas vezes, a liderança está em deixar ir, e não em centralizar as decisões em si mesmo.

Nunca se exima da sua responsabilidade

Contra a França, pelas quartas de final, de novo entrei na metade do segundo tempo. Na primeira que recebi, deixei o lateral Branco na cara do gol. Ele cortou o goleiro e sofreu a penalidade. Nisso, uma questão óbvia: se Zico está em campo, ele cobra. Quem ousaria tirar a bola das minhas mãos?

Tinha acontecido algo parecido na Copa de 1978. Contra o Peru, um minuto depois que entrei rolou um pênalti para nós, e Roberto Dinamite perguntou se eu cobraria:

"Claro!"

Assumi com naturalidade, chutei forte, seco, e fiz o gol. Estando em campo, todos sabiam: quem cobrava era eu. Por isso não me arrependo de ter batido contra a França. Sinto por ter perdido, mas ainda teve muito jogo. A prorrogação terminou sem vencedor e tivemos que decidir a vaga nos pênaltis.

Reparei que muita gente que vinha tendo ótimo aproveitamento nos treinamentos desistiu de bater na hora da onça beber água. Ninguém apareceu para dizer que cobraria. Falei para o Telê:

"Se não tem quem bata, eu cobro de novo."

Das 127 penalidades que bati na carreira, perdi onze. Mesmo tendo desperdiçado durante o jogo, não me eximiria da responsabilidade, ainda mais na hora H. Fui lá, soltei o pé e fiz. Pena que não foi o suficiente e acabamos eliminados.

Abriu uma brecha para torcedores, principalmente de clubes rivais, dizerem que perdi um pênalti decisivo na Copa do Mundo. Mas em momento algum esse fato virou um fardo para mim. Nunca tive pesadelos relacionados ao futebol. Sempre soube separar o pessoal do profissional.

O único fato de que me arrependo na Copa é não ter batido o pênalti que sofri contra a Polônia. Quis ser bacana com o Careca, mas, se perdesse aquele, não haveria problema. O jogo terminaria 3 x 0, e eu mesmo seria outro na hora de cobrar diante da França.

Apesar do sacrifício que fiz para, no fim das contas, quase não jogar e ainda perder um pênalti, mal sabia, mas meu calvário estava apenas começando.

Coragem para tomar decisões

Se me calava quando a imprensa divulgava falta de harmonia no ambiente de algum time em que estava, é porque, na minha opinião, tínhamos de resolver internamente qualquer problema. Torcedor paga para torcer; eu recebia para gerir ou liderar meus plantéis. E nunca me faltou coragem para tomar as decisões que julgasse corretas.

E NUNCA ME FALTOU CORAGEM PARA TOMAR AS DECISÕES QUE JULGASSE CORRETAS.

Quando dizem que perdi o pênalti na Copa de 1986, assumo que bateria de novo caso pudesse voltar no tempo. Afinal, era quem mais cobrava nos treinos, com elevado índice de acertos. No jogo contra a França, não importa se estava ou não frio no jogo, todos ali, inclusive eu, sabiam que ninguém cobrava mais nem melhor que eu. Ninguém teve dúvidas de que eu bateria, tanto entre meus companheiros como entre toda a torcida brasileira.

==Peguei a bola com confiança, bati e errei, mas errar faz parte do jogo.== A responsabilidade era minha. Imagina se outro cobra e perde? Sua carreira estaria ameaçada para sempre.

==Fica a lição: jamais se exima de uma responsabilidade que é toda sua.==

Sacrifícios valem a pena

Voltando da Copa, joguei duas vezes pelo Flamengo. Em seguida, durante um treinamento, subi para cabecear e, ao saltar, meu joelho esquerdo foi para o espaço. Liguei na hora para o doutor Neylor Lasmar, que me mandou voar de imediato para os Estados Unidos.

No Alabama, passei por uma cirurgia extra-articular. Colocaram fios de aço que me travaram os movimentos por dias. A recuperação foi coisa de louco. Precisei de seis meses para conseguir caminhar.

Essa cirurgia aconteceu em setembro de 1986. Quem me operou foi o doutor James Andrews. No hospital, eu quase não dormia. Passava uma semana, e os fios se afrouxavam em um ponto, era complicado até para tomar banho. ==Levei quatro meses para esticar a perna. Tive atrofia de sete centímetros e passei pela maior provação da minha vida, um verdadeiro teste de superação para voltar a fazer o que mais gosto: jogar futebol.==

Na primeira vez que dei um trote, seis meses após o afastamento, senti uma dor que me impediu de completar a primeira volta em torno do gramado. Quase jogando a toalha, chorei junto ao preparador físico Ralf Ferreira:

"Porra, nunca mais vou conseguir entrar em campo."

Ele elevou minha estima:

"Para com isso, Zico! Se não deu uma volta hoje, amanhã dá duas."

Retornei para a sala de musculação e, no dia seguinte, consegui dar uma volta completa. No outro, duas. Nisso, Ralf foi me reanimando:

"Viu? Você está melhorando! E vai melhorar ainda mais. Na próxima, vamos correr até mais rápido."

Quando o médico americano me operou, foi sincero comigo:

"É a primeira cirurgia dessa que faço em um jogador de futebol."

O médico estava acostumado a operar atletas de futebol americano ou jogadores de beisebol. Falei para ele:

"Se o senhor me der 5% de chance, juro que consigo, me baseando nesse percentual."

Minha carreira poderia ser abreviada com aquela operação. Tanto que ele ligou para o Neylor, comigo na mesa cirúrgica, para deixá-lo a par:

"Vou ter que fazer esse procedimento aqui, doutor Neylor. O senhor me autoriza?"

"Autorizo!", ouvimos juntos. "Pode fazer, tenho certeza de que ele vai se recuperar. Esse aí eu conheço bem."

Após o telefonema, entrei na faca. Cheguei a passar um tempo tomando morfina para suportar as dores. No penúltimo dia da minha internação, o doutor James avisou que precisaria retirá-la, ao menos temporariamente. Alertou o seu corpo de médicos:

"Vamos parar com isso, porque ele vai ter que se acostumar a viver sem; caso contrário, se tornará dependente."

Ao escutar, virei para todos em volta e berrei:

"Não tem problema, doutor, pode tirar!"

Foi a pior noite da minha vida. Nem quando os meus pais morreram sofri tanto. Óbvio que uma morte é dolorosa, mas emocionalmente. Aquela dor era física. A pior que tive na vida.

Abomino qualquer vício, sempre passei longe dessas coisas. Por sentir muitas dores, me davam um negócio que me aliviava a ponto de conseguir dormir. Nisso, tinha vontade de tomar de novo. Cansado e precisando repousar, por dentro um diabinho atentava:

"Toma morfina, Zico. Vai, toma..."

Em fração de segundos, um anjinho retrucava:

"Não toma, não, Zico. Você consegue ficar sem."

Toma, não toma; toma, não toma... adormeci. Precisaram me amarrar na cama, visto que as dores eram insuportáveis e eu não podia movimentar a perna. Quando me despedi dos enfermeiros, um deles me forneceu uns comprimidos brancos. Deviam ser morfina:

"Leva contigo, Zico. Se houver qualquer problema no Brasil, toma."

Peguei da mão dele aquele saquinho de pílulas e taquei pela janela:

"Não vou tomar, nem a pau. Nunca mais tomo isso na vida!"

Mais calmo, pedi desculpas. Mas deixei claro que não levaria e não levei. Não sei como, mas suportei aquelas dores desumanas.

Encontrando fontes de motivação

Em casa, foi terrível, só de lembrar dá vontade de soltar um palavrão. Do segundo para o terceiro mês, após a intervenção cirúrgica, saía às oito da manhã nas segundas-feiras, pegava um avião para Belo Horizonte e ia para a clínica do doutor Neylor para ele me acompanhar de perto. Ficava hospedado em um hotel até sexta-feira, quando retornava ao Rio para passar o fim de semana com a família.

Exercícios eu os fazia numa banheira de gelo para ganhar um centímetro de massa muscular em 30 dias. Um centímetro, veja você. Durante essa recuperação, no departamento médico percebi outros colegas em estado tão grave ou pior que o meu. Como sempre gostei de desafios, criamos uma espécie de competição. Quem atingisse a melhor meta durante a semana ganharia um bolo na sexta-feira após o almoço. Era uma briga do cão, um competindo contra o outro para ver quem vencia. Nós nos motivávamos assim.

Depois de um tempo, pude realizar trabalhos específicos na piscina. A partir do terceiro mês, comecei a me sentir melhor. Do quarto ao sexto mês, voltei para a Gávea e iniciei a musculação. De segunda a sexta, ficava numa salinha me exercitando das oito da manhã ao meio-dia. Voltava para casa, almoçava e retornava ao clube para fazer mais trabalhos físicos, das duas às seis. Aos poucos, fui retomando a musculatura natural.

Retornei aos campos em meados de 1987, exatamente um ano após aquele Brasil × França, num Fla-Flu disputado no Caio Martins, em Niterói. O tricolor abriu o placar e empatei... batendo pênalti! No total, nove meses sem jogar.

Desde que recomecei a trotar, passei a fazer trabalhos mais agradáveis, com bola. No sétimo mês, treinei com o infantil, meninos de 12 ou 13 anos. Retomei a confiança e passei a me exercitar com os juvenis. Participava bem dos treinamentos táticos, até que me autorizaram a disputar coletivos. Nessa etapa, comecei a perder o medo de ver aquele esforço ser em vão. Os movimentos já não doíam mais.

Meu primeiro coletivo aconteceu em um campo horrível, na zona oeste do Rio, mas foi legal. Não demoraram a me reintegrar aos profissionais. Senti-me vitorioso quando, em dezembro de 1987, ganhei a Copa União, o melhor Campeonato Brasileiro de todos os tempos. Contribuí de forma decisiva para o tetracampeonato nacional do Flamengo.

No dia seguinte à conquista, porém, viajei a Belo Horizonte para operar novamente. Dessa vez, limpeza dos meniscos. Se os retirasse nos Estados Unidos, a operação dos ligamentos não teria sucesso. Preferiram suturá-los temporariamente; caso contrário, não haveria amortecimento suficiente para completar o processo de cicatrização.

No Alabama, entre os cuidados que me pediram para tomar, eu não poderia saltar ao comemorar gols. Contudo, em um jogo contra o Santa Cruz, saltei sem querer e caí forçando a esquerda. À base do sacrifício, joguei duas vezes contra o Atlético Mineiro, nas semifinais, e outras duas diante do Internacional, na decisão. Na finalíssima, os pontos estouraram, estraçalhando um pedaço do menisco. A cápsula deteriorou; a cartilagem, idem, e precisei entrar na faca outra vez.

Para enfrentar dúvidas, autoconhecimento

==Vivi um doloroso ano em 1988. Fiquei mais fora do que dentro de campo.== Tinha perdido o meu pai por parada cardíaca, acredito que em decorrência a tudo o que eu vinha passando. Aos 85 anos de idade, ver meu sofrimento o debilitou. Imagina o que é, para um pai doente, assistir ao filho tendo que operar toda hora, sofrendo mil e uma dores e só conseguindo andar de muletas?

Nesse ano, o Flamengo excursionou pelo exterior algumas vezes. A cota do clube aumentava se eu fosse, mesmo machucado. No entanto, jamais tomei infiltração para jogar. Viajava porque os patrocinadores exigiam a minha presença, mas não entrava em campo, apenas tirava fotos ou coisas do tipo.

Compreendia que o clube ganhava mais quando eu ia, e às vezes o próprio Flamengo me oferecia uma grana extra para viajar mesmo sem condições de jogo. Eu podia até ter uma participação maior, mas somente aceitava se não interferisse no montante arrecadado pelo clube. Havia toda uma folha salarial a ser paga e, se eu fosse, mais fácil seria para o clube honrar seus compromissos com o plantel.

A difícil hora de parar

Sem manter uma continuidade, jogava no máximo três partidas e voltava para o departamento médico. Não podia fazer certos exercícios em que o treinador adoraria ver todos juntos. Como líder do grupo, perante os garotos que subiam da base, ficava aquele negócio:

"Se o Zico não está fazendo, por que eu tenho que fazer?"

Nunca aceitei privilégios. ==Quando percebi que não conseguiria mais realizar o que precisava ser feito, entendi que não dava para prosseguir no esporte.== Ir para o treino sem fazer o que mais gostava, por correr risco de me machucar, prejudicava o grupo. O pessoal contava comigo, e o torcedor comprava ingresso para ver o meu melhor, mas somente eu sabia que não conseguiria ter o desempenho que esperavam. Isso foi determinante para eu tomar a decisão. Eu não me sentia mais feliz, havia complicações até para treinar, por isso decidi pendurar as chuteiras. O local de trabalho tem que dar prazer, e ir para o clube fazer o que sempre foi trivial para mim não vinha sendo mais agradável. A dor, por vezes, era insuportável.

==Depois que você atinge certo nível, as cobranças são sempre maiores. Ninguém quer saber se você está com problemas ou não. Se estou em campo, tenho que ser o mesmo Zico que todos se acostumaram a ver.== Percebendo as dificuldades que vinha tendo, mesmo me superando para ninguém notar certas limitações, entendi que a minha hora havia chegado.

Meu último jogo, na verdade, foram três. Aquele em Udine, pela seleção brasileira, o primeiro. Outro, no final de 1989, em Juiz de Fora. Metemos 5 × 0 no Fluminense, com direito a um gol de falta meu. Todavia, me despedi em definitivo em um amistoso disputado na noite de 6 de fevereiro de 1990. Havia quase 90 mil pessoas no Maracanã, e só não marquei porque Taffarel estava com o diabo nas luvas. Mas valeu pela festa.

Ao me ver correndo que nem garoto nesse jogo, o técnico da seleção, Sebastião Lazaroni, que preparava a equipe para a Copa do Mundo da Itália, pediu que eu tentasse jogar aquele Mundial:

"Amigo, depois de tudo o que sofri em 1986, me desculpa, mas dessa vez eu não vou."

Não seria diferente se eu fosse. De novo, não conseguiria jogar, a não ser que entrasse de início. Ainda assim, seria difícil. Eu teria de fazer os treinamentos separado do grupo, por ter operado, e não conseguiria treinar como os demais. Meu trabalho forte teria de ser nos jogos, sendo que o treinador certamente pediria que eu desse tudo também nos treinos. No mínimo, sofreria uma distensão.

As cirurgias por que passei me causam dor até hoje. Quando jogo minhas peladinhas, o joelho incha. Não consigo mais dar uma corrida contínua. Para poder brincar, tomo um anti-inflamatório. E vai ser assim sempre, a não ser que eu coloque outra prótese, o que meus médicos vêm pedindo para eu fazer há tempos.

DENTRO E FORA DE CAMPO

- Nunca se exima de cumprir com a sua responsabilidade.
- Você não vai acertar sempre, mas continuar fazendo o que faz é o caminho para seguir sendo respeitado.
- A dor pode lhe tirar o que você mais ama. Por isso, nunca desperdice uma chance de dar o seu melhor em campo.
- Saber a hora de parar não é fácil, mas é essencial para encontrar outras fontes de inspiração.
- Uma escolha malfeita no presente pode acompanhá-lo para o resto da sua vida. Preste muita atenção ao que você escolhe para si.

CAPÍTULO 8

De repente, virei Ministro

(Governo Collor – 1990/1991)

EM ESPORTES COLETIVOS, ASSIM COMO NUMA EMPRESA, É PRECISO valorizar cada membro da equipe. Ninguém joga sozinho, todos dependem do grupo.

Claro que é necessário ter o eu, ser especialista e resolver problemas mais complexos, sabendo jogar individualmente com as regras do jogo. Contudo, o *nós* é essencial para que tudo dê certo ao final. Em outras palavras, uma equipe se faz de inúmeros *eus*, cada um especialista em uma área específica, mas todos jogando em conjunto com um único objetivo: entregar o melhor resultado no final.

Lutar pela classe é questão moral

Nos anos 1970, eu, Zé Mário e Leão participamos ativamente do Sindicato dos Atletas Profissionais do Rio de Janeiro. Zé Mário era o presidente; Leão, seu vice; eu, o terceiro nome. De repente,

Zé Mário foi contratado para jogar em São Paulo e precisou se afastar. Leão assumiu, mas temporariamente, porque acabou se transferindo também para o Corinthians. Com isso, acabei exercendo sozinho a presidência.

Juntos havíamos resolvido problemas graves. Como denúncias de que certos jogadores se envolveram em um esquema que escandalizou o país: a máfia da loteria esportiva, um esquema de manipulação de resultados para favorecer um grupo de apostadores da Loteria Esportiva. Nele estavam envolvidas 125 pessoas, entre elas árbitros, jogadores, dirigentes e personalidades. Defendi meus colegas de profissão da melhor maneira, mesmo já sendo o Zico, atleta da seleção e com nível internacional.

Criamos amistosos com jogadores que atuavam no Rio, enfrentando os de São Paulo. Com a renda desses eventos, compramos duas salas para o Sindicato. Quem chegou depois, ao menos encontrou um lugar melhor para seguir o trabalho que iniciamos.

Sempre fiz questão de participar de ações beneficentes. Principalmente quando a intenção é ajudar ex-jogadores ou atletas que não se deram bem após se aposentar. Quando alguém pensa em jogador de futebol, acha logo que todo mundo é famoso, rico, tem vida boa, carrão, casas luxuosas, mas quem de fato detém isso é uma parcela ínfima. A grande maioria passa necessidades.

Quando foi regulamentada a profissão de atleta profissional, eu tirei a carteira de trabalho de número 8. Botava a cara a tapa, me pondo à frente na hora de fazer reivindicações. Hoje entendo que nos falta um sindicato nacional, como os da Europa. Isso evitaria que os grandes centros se limitassem a seus próprios interesses.

Se tivéssemos uma confederação de atletas, a discussão poderia ter âmbito nacional. O Sindicato do Rio de Janeiro, por exemplo, não consegue ajudar a classe no Amazonas. Na realidade, nenhum dos poucos sindicatos pode prestar qualquer auxílio, pois sua autoridade se limita a seus respectivos estados. Ficamos impossibilitados de discutir situações que favorecessem quaisquer colegas de profissão. Muitos jogadores continuaram sem ser ouvidos quando elaboravam o calendário anual, não havia vistoria nos estádios e questões como segurança e saúde, tantas vezes críticas ou precárias, eram relegadas a segundo plano.

Para que houvesse uma confederação, seriam necessários, ao menos, cinco sindicatos como o nosso. Tínhamos no Rio de Janeiro, em São Paulo e no Rio Grande do Sul. Lutei para transformar as associações de Minas Gerais, Ceará, Piauí, Pernambuco e Bahia em sindicatos, mas nenhuma abraçou a ideia. Continuamos tendo um calendário louco e inseriam a esmo clubes sem expressão na elite, através de politicagem. A Confederação só veio tempos depois.

Enquanto na Europa as equipes da segunda divisão tentavam em campo chegar à primeira, no Brasil times eram formados para atuar por não mais que três meses. Quem perdia com isso eram os atletas. Sem estabilidade, assinavam contratos de noventa dias, o direito de arena não era respeitado, assim como o fundo de garantia ou a carteira profissional. Irregularidades como essas seriam facilmente resolvidas por uma confederação. A Fugap (Fundação Garantia do Atleta Profissional) tinha suas virtudes, mas empregava atletas em atividade. Justo seria dar trabalho a ex-jogadores. Quem ainda está na ativa deve contribuir, no máximo, como voluntário.

Em 2022, enquanto dava uma palestra sobre liderança em Fortaleza, recebi um telefonema do Zé Mário. Ele queria marcar uma reunião com o então presidente do Sindicato do Rio, que conta hoje com um centro de treinamento maravilhoso. Nele há academia de bom nível, que ajuda jogadores inativos a manterem a forma. Eles podem treinar enquanto esperam propostas. Até comissão técnica tem lá. Graças a esse CT, caso surjam oportunidades de trabalho, estarão bem preparados.

Meus planos ao encarar a Política

Sempre estive, e continuo estando, à disposição para ajudar. Assim como no Rio de Janeiro existe o Retiro dos Artistas, instituição que abriga atores, músicos e artistas esquecidos, atualmente pretendemos criar a Casa do Atleta. A ideia é que a instituição acolha não apenas jogadores de futebol, mas também quem praticou outras modalidades.

No passado, reuníamos ano a ano jogadores do Rio e de São Paulo em partidas beneficentes. Quem as organizava era a Sadef (Sociedade Amigos do Deficiente Físico). Dei minha contribuição ao jogar gratuitamente por bom tempo, desde os 18 anos. Mais tarde, quando fui chamado para integrar o Governo Federal, criei o primeiro departamento para pessoas com deficiência. Hoje, ao ver os resultados expressivos que atletas brasileiros obtêm nas Paralimpíadas, fico satisfeito por ter lutado tanto por essa causa.

Convite de Presidente da República é convocação

Semanas após encerrar a carreira, um amigo me telefonou:
"Posso dar o seu número para o irmão do presidente Collor?"
"Sim, claro!"
Não demorou, recebi uma ligação:
"Zico, você quer se tornar Ministro dos Esportes?"
Fiquei quieto.
"Por favor, você conseguiria se encontrar com o presidente, para conversarem melhor sobre o assunto?"
Viajei para Brasília e me reuni com Fernando Collor de Mello. Achei a proposta sedutora e, em março de 1990, tomei posse na recém-criada Secretaria Nacional de Esportes do Governo Federal. Na prática, virei Ministro dos Esportes. Naquele tempo, a pasta de Esportes ficava sob jurisdição do Ministério da Educação.

Ao entrar para a Política, minha intenção era executar planos que ajudassem muita gente. Pensei comigo: *Se me torno Secretário Nacional, terei ligação direta com o presidente, ou seja, conseguirei prosseguir com as minhas metas, meus objetivos, criando grandes projetos.*

Os clubes penavam devido às conjunturas. Os principais ídolos deixavam o país para fazer a independência financeira na Europa, muito por conta da inflação galopante sob a qual vivíamos. Nossa moeda jamais competiu com o dólar, e a economia brasileira sempre deixou a desejar. Tudo aumentava o tempo todo, menos os salários.

==Como poderia implantar projetos esportivos, acreditava que melhoraria as condições tanto para o futebol como para as demais modalidades. Sonhava resgatar milhares de crianças da pobreza e do crime ao abrir as portas do esporte. Era o meu desejo. Pena que, na política, as coisas não funcionam conforme gostaríamos.==

A Lei Zico

Ao receber a aprovação do presidente, me engajei no que chamaram Projeto Zico. Entre as principais mudanças, prepararíamos o ambiente para que corporações patrocinassem times, estimulando a transformação dos clubes em empresas. Planejei tudo com carinho e dedicação. No entanto, ocupei o cargo por um ano e um mês.

Minha prioridade era a Lei de Diretrizes e Bases do Esporte. O deputado Artur da Távola a denominou Lei Zico no instante em que a colocou para ser aprovada no Congresso. Nesse momento, eu já havia deixado a Secretaria. Permaneci somente treze meses na pasta porque o projeto ficou quatro meses parado. Sabe onde? Na própria Presidência da República.

Quando o apresentei pela primeira vez ao Collor, ele me ouviu atentamente por quase duas horas. Eu e meu advogado, Antonio Simões, enfatizamos a importância de serem feitas eleições nas federações, criarmos ligas e a possibilidade de formarmos clubes-empresas.

Collor gostava do assunto. Havia presidido o CSA, um clube de Alagoas, sua terra natal. Após nos ouvir, eufórico, vibrou:

"É a primeira vez que um ministro traz um projeto que vai ao encontro do que sempre pensei!"

Adoramos ouvir isso. No entanto, pouco depois, fui notificado de que não poderia mais ter audiências com o presidente. Me cercearam. Eu poderia falar apenas com o embaixador Marcos Coimbra, cunhado e assessor do Collor. Ora, quando assumi, todos os secretários tinham ligação direta com o presidente. Avisei que, se fosse para me reportar ao Marcos Coimbra, nem iria. Mandaria o meu adjunto.

Passaram-se quatro meses e nada era dito em relação ao meu projeto, que tirava os plenos poderes das federações, principalmente no Nordeste, onde Collor mandava e desmandava. Ele e outros caciques da região começaram a fazer pressão, impedindo que implementássemos o que pretendíamos. Em suma, engavetaram o projeto, na maior cara de pau.

Em abril de 1991, cheguei à Secretaria já marcando uma reunião para a semana seguinte, no Planalto.

"Ok, mas qual é o assunto, Zico?"

"Assunto pessoal", respondi, seco.

Ninguém sabia, mas solicitei ao Simões:

"Faz uma carta de demissão pra mim."

Ele ficou assustado, mas a escreveu. Com ela em punho, caminhei até o gabinete do Collor:

"Bom dia, senhor presidente", tínhamos que nos reportar a ele dessa forma, veja só. "Vim lhe entregar esta carta."

Ao começar a ler, ficou vermelho. Seu semblante mudou.

"Por que isso, Zico?"

"Por quê?" Sorri. "Bom, presidente, primeiramente, porque me proibiram de falar contigo. Estou há meses sem trocar uma palavra com o senhor, e o meu projeto segue engavetado. O senhor quer que eu fique aqui para quê? Venho a Brasília por causa de quê? Olha, não tenho nenhuma pretensão política, vim apenas tratar dos esportes..."

"Você pode me dar uma semana?"

"Posso, sim", falei. "Mas minha decisão é irrevogável, ok?"

Voltei para a Secretaria e não deu meia hora para aparecerem dez engravatados por lá:

"A gente gostaria de falar contigo sobre o projeto..."

Collor, em pessoa, me pediu:

"Zico, você pode ir quarta-feira comigo ao Congresso?"

Fui. Nem recordo quem era o presidente da Casa à época, mas a Lei Zico estava pronta, e Collor me prometeu:

"Você não sai daqui até a gente entregar esse projeto a ele."

"Está bem, muito obrigado. Mas lembre-se: o que falei é irrevogável."

Na segunda-feira seguinte, meio sem jeito, Collor voltou a me pedir:

"Zico, você pode ficar aqui em Brasília até eu fazer a apresentação do novo secretário?"

Nem sabia quem me sucederia. Descobri que era um ex-jogador também, mas de vôlei, o Bernard Rajzman, medalhista de prata nos Jogos de Los Angeles e conhecido mundo afora pelo exótico saque Jornada nas Estrelas.

Como Bernard é meu amigo pessoal, pareceu que saí por razões particulares, tendo indicado o meu sucessor.

Collor foi esperto nessa. Política, realmente, é para profissionais.

Se sair, que seja de cabeça erguida

Nunca tive intenção de trabalhar com política. Tanto que Egberto Batista, secretário da Integração Nacional e uma das cabeças pensantes da campanha que levou Collor ao poder, tentou me cantar várias vezes. Queria porque queria que eu saísse candidato a governador do Rio de Janeiro.

Rechacei todos os convites, porque nunca participei de mutretas. Jamais fiz parte de acordos e nem empregaria amigos. Meu negócio era trabalhar única e exclusivamente pelo esporte.

Verdade seja dita, Collor nunca interferiu no meu trabalho. Pelo contrário, deu carta-branca para eu exercer meu ofício e nomear quem quisesse. Cá entre nós, se não fosse dessa forma, sequer aceitaria o convite.

Fizemos uma lei moderna. Simões viajou aos Estados Unidos, à Portugal, à Espanha e à Itália, viu o que de melhor havia nesses países e me passou dicas e informações. De lá para cá, houve um salto enorme no esporte brasileiro. De certa forma, cumpri minha missão. Se toda pessoa de bem se negar a ajudar o país, quem cuidará da política? Financeiramente, perdi patrocínios, contratos de publicidade e vivi do que acumulei como jogador. Assim que Pelé me sucedeu, durante o governo Fernando Henrique Cardoso, copiaram 80% do meu projeto e puseram o nome dele.

Ao menos, do meu projeto original, o principal foi aprovado: maior autonomia para as associações, eliminação da intervenção estatal, estruturação do esporte profissional em bases empresariais e possibilidade de transformação dos clubes em empresas. Acabou a arcaica lei do passe, passaram a direcionar recursos da loteria esportiva para o esporte como um todo e os clubes finalmente puderam participar de forma efetiva nas eleições de suas respectivas federações.

Não demorou muito e surgiu o Sumitomo, do Japão, com um projeto parecido com o que eu pretendia executar no Brasil. Optei pelo desafio de ajudar a implantar o profissionalismo no futebol japonês. Infelizmente, não pude fazer o mesmo em meu próprio país.

DENTRO E FORA DE CAMPO

- Política, futebol e religião são assuntos que se discutem, sim.
- Não importa quão ousados pareçam os seus sonhos, é importante que você acredite neles para realizá-los.
- Nem sempre um projeto iniciado por você será finalizado por você. Mas isso não deve ser impeditivo para que você dê o primeiro passo.
- Pensar no outro fora de campo é tão fundamental quanto dentro dele.
- Nunca tenha medo de dar início aos seus projetos. Uma hora ou outra, eles acabam dando certo.

CAPÍTULO 9

O maior desafio da minha vida

(Sumitomo/Kashima Antlers – 1991)

EM 1989, PARTICIPEI EM TÓQUIO DO WORLD MASTER, evento que conta com ex-jogadores famosos, em geral craques que se destacaram em Copas do Mundo. Ao final, fui surpreendido ao ser chamado para ensinar futebol por dois dias em outra cidade, Honjo, província de Saitama. Nas aulas práticas, fiquei espantado com o que vi. Mais de duas mil crianças me esperavam ansiosamente.

Até então, falavam que futebol não era popular no Japão. Balela. Ao reparar nos olhinhos daqueles meninos que observavam com atenção a minha habilidade com a bola e não perdiam uma palavra que eu dizia, notei uma seriedade, uma vontade de absorver tudo o que lhes passava. Em nenhum lugar vi dedicação semelhante.

Sabemos a força que o futebol tem e reconheço o nível que alcancei nesse esporte. Ainda assim, fiquei perplexo. Aqueles meninos sabiam perfeitamente quem eu era.

Na época, brasileiros costumavam chamar de japonês quem não fosse bom de bola:

"Aquele ali é bom, mas o resto é tudo japonês", caçoavam.

==Bastou estar lá para eu não ter dúvidas de que os japoneses tinham vocação, sim, para jogar futebol. A base do pensamento deles é cuidar bem do colega, o que combina em tudo com esse esporte, que tanto depende do trabalho em equipe.==

Com esforço e determinação, o distante se aproxima

Quando deixei o Governo Federal, não esperava receber novos convites para trabalhar com futebol. No entanto, dois meses depois, a Sumitomo Metals Industries, empresa que patrocinava o Kashima Antlers, me chamou para conversar. Seu objetivo não era me levar para jogar o campeonato japonês, mas desenvolver e profissionalizar o futebol do país.

Meu time seria formado por amadores. A maior parte, trabalhadores da própria fábrica da Sumitomo, que treinariam no período da tarde, após o serviço. ==Quando cheguei, como o time estava na segunda divisão, senti que muitos ali nem sonhavam em se tornar profissionais da bola. Preferiam seguir carreira na indústria. Mais estável do que se aventurar em algo que podia ou não dar certo.==

Tive a felicidade de encontrar um grupo que acreditou no que eu pretendia implantar. Resolvi ser jogador, técnico, massagista, roupeiro, treinador de goleiros, tudo. Era precisei ensinar o beabá de um clube de ponta para eles.

Levei vários japoneses para o Brasil, para que vivenciassem o dia a dia de um roupeiro em uma equipe, como trabalha o treinador de goleiros, o que faz um massagista. ==Com o passar dos anos, conseguimos fazer com que o Japão se transformasse em um grande==

centro profissional do futebol a ponto de disputar Copas do Mundo. E se classificando sempre no campo, por méritos próprios.

Sinto orgulho por ter dado essa contribuição e passei a, desde então, tratar o futebol japonês como filho. Afinal o vi nascer, crescer e ganhar moral. Já se passaram mais de três décadas, e nunca me desliguei do país.

Há projetos impossíveis de não pegar

Levei um susto ao saber do interesse dos japoneses por mim. Como contei, quando assumi a missão que me deram a equipe estava na segunda divisão. Ou seja, pela primeira vez na vida eu jogaria uma Série B! Sendo sincero, me orgulho por ser comparado aos maiores de todos os tempos, mas defender um time que não fosse da elite nunca esteve nos meus planos. Não recebi com bons olhos o convite, mas resolvi pagar para ver.

Ao ouvir o projeto nos mínimos detalhes, mudei de ideia. A empresa e o governo local apoiariam o nosso time. Construiriam um estádio e não pouparíam esforços quanto à infraestrutura necessária para que pudéssemos treinar em condições dignas.

O projeto estava contido no planejamento da própria cidade, que enraizaria o futebol na comunidade local. Ou seja, tudo a ver com minhas pretensões ao aceitar ser secretário de Esportes no Brasil.

O melhor era que o Kashima Antlers não passava de um time em desenvolvimento. Se ao chegar eu encontrasse um clube forte, seria apenas o Zico, um jogador extraclasse que vinha para somar. No Kashima, além de jogar, orientaria todos no clube e formaria a equipe segundo as minhas próprias convicções. Não contribuiria somente com a parte técnica, dentro de campo, mas aplicaria toda a experiência e o conhecimento que acumulei mundo afora em prol daquele audacioso projeto.

Sabia que seria um trabalho árduo, mas poder começar do zero me agradou. Ajudar a construir tudo aquilo virou o meu objetivo, minha nova meta, acionando de imediato o meu espírito de desafio. E esse é um exemplo para se levar para qualquer área profissional. Uma missão pode se mostrar complicada no início, mas são essas que mais nos desafiam, nos fazendo traçar planos para chegarmos até lá.

Dúvidas existenciais têm que ser sanadas

A primeira condição imposta pelos dirigentes foi eu ter que entrar em campo. Bom, meu joelho era uma bomba-relógio. Passei por três cirurgias e estava havia um ano afastado dos gramados. Minha condição física não era ideal, portanto fiquei inseguro quanto a retornar em bom nível. Ao assinar o contrato, respondi que daria o meu melhor, faria o possível e o impossível para jogar, mas, no fundo, não fazia ideia se conseguiria.

Conversei bastante com o médico-chefe do clube. Ainda bem que tivemos dois meses de preparação, período que serviu para eu me testar. Veria se poderia mesmo ajudar dentro de campo; caso contrário, retornaria ao Brasil. Nunca fui de enganar ninguém.

Antes de morar no Japão, por vinte dias treinei pesado com meus ex-colegas no Flamengo. Não fiquei 100%, mas aprimorei a minha condição atlética. Ao retornar à Terra do Sol Nascente, aos poucos a minha insegurança de jogar foi se reduzindo até sumir de vez.

Disputando amistosos contra outros clubes do país, senti que dava para contribuir jogando. Conseguiria me manter em um nível que não envergonharia o nome Zico que os japoneses tanto respeitavam. No entanto, minha obsessão era transformar o Kashima Antlers em um time forte em âmbito nacional, não me destacar, individualmente, como atleta.

Começando um trabalho do zero

Fui morar no Japão em maio de 1991. Naquele início, treinávamos em terrenos sem grama. Como não tínhamos campo, a cada dia íamos para um local diferente. Os jogadores pintavam as linhas do "gramado" e não havia sala para descansarem, muito menos arquibancadas para o público assistir aos coletivos. Às vezes, nem água caía dos chuveiros. Os uniformes não eram iguais uns aos outros, e o elenco tinha que trazê-los lavados no dia seguinte.

A gente parecia um grupo de peladeiros, um time de colegas que se reunia para jogar bola como passatempo. Nem de longe aquilo se assemelhava a um clube profissional. Fosse outro atleta do meu nível quem chegasse, não duvido que fugiria do país, assustado. Como não é do meu feitio largar o que me predispus a fazer, calcei as sandálias da humildade e comecei a executar o meu trabalho.

Não me enganaram em nada. Estava ciente de tudo o que teria de implantar. Por participar de um projeto tão ambicioso, encarei de peito aberto o maior desafio que enfrentei na vida. Meu espírito foi estimulado quando reparei que a mídia passou a tratar o Kashima de outra forma. Era o time em que estava o Zico. Percebi os jornalistas reticentes, duvidando se eu seria aquele jogador que eles sempre viram. Ser testado ampliou a minha gana.

Até moldar a equipe, entretanto, teria de exercitar a paciência. Julguei precisar de ao menos três anos para deixar o time apto a disputar títulos.

ATÉ MOLDAR A EQUIPE, ENTRETANTO, TERIA DE EXERCITAR A PACIÊNCIA.

Ser metódico tem dois lados

Ser metódico é uma vantagem do japonês. Ao mesmo tempo é, paradoxalmente, uma baita desvantagem. O lado bom é que eles são excelentes para aprender e imitar. O progresso de qualquer técnica começa pela imitação. Quando criança, comecei a jogar imitando meus ídolos.

De primeira, percebi qualidade em alguns jogadores, ainda que estivessem longe de um nível que pudesse ser chamado de profissional, tanto técnica quanto mentalmente. Ensiná-los seria um teste de paciência. Ciente de qual seria a principal tarefa, fui firme durante a minha apresentação:

"Vim fazer vocês disputarem e ganharem títulos. Vou lhes passar minhas técnicas, experiências e todo o conhecimento que adquiri, mas quero que vocês também tenham em mente o mesmo objetivo que eu, que é colocar o Kashima no topo", frisei. "Gostaria de contribuir com o time como jogador, mas, antes disso, tenho um trabalho mais importante a desenvolver, que é prepará-los para que saibam e possam jogar sem mim."

Talvez eles mesmos duvidassem da própria capacidade. Não acreditavam que poderíamos chegar à elite. Pior, caso subíssemos, julgavam ser impossível rivalizar de igual para igual com os grandes do país. Era preciso que todos entendessem o meu propósito. Teriam de sentir na pele o vigor do meu espírito desafiador e incorporá-lo a seus estados mentais.

A importância de se autodesafiar

Para iniciar qualquer atividade, é importante se desafiar. Um líder precisa ter essa qualidade, principalmente ao montar uma organização.

Eu tinha que moldar um grupo capaz. Quem me seguiria caso eu não estipulasse objetivos ou apenas pensasse no quanto ganharia, e não na meta que tínhamos em comum? Era preciso caminhar, nem que a passos de tartaruga, mas em frente. Até quando eu julgava distante o que pretendia fazer, só ganharia a confiança do plantel e manteria o compromisso entre os envolvidos criando metas que eles próprios pudessem atingir.

Particularmente, me orgulho por ter aperfeiçoado a minha técnica a ponto de me tornar um dos melhores do mundo. Mas me senti testado pelos jogadores. Pensavam que, como treinador, talvez eu não pudesse ser o mesmo que fui como atleta. Normal. Na função de técnico, caberia a mim medir a capacidade de cada um. Naturalmente, eles mediriam a minha como professor.

Será que devo mesmo segui-lo?, podem ter pensado. *Será que me tornarei alguém feito ele?*

Bato na tecla do profissionalismo. Transferir-se para um clube não é questão de quanto você vai ganhar. Trabalhar em um lugar que paga bem é ótimo, mas, se você não estiver feliz, jamais renderá o que pode. Isso vale para o jogador, mas também para o técnico, para o funcionário e para o dono da empresa.

Quando me comprometo com algo, persigo o que quero até o fim. Mesmo que leve tempo, insisto, até me dar por satisfeito. Voltando ao objetivo para o qual me contrataram, eu acreditava em mim, mas confiava que, juntando a força de todos, cumpriríamos nossas metas. Não me passava pela cabeça sair do Japão frustrado ou arrependido.

Desde o começo, percebi que seria o líder, o guia do time. Mas não pretendia me exibir apenas com as minhas realizações do passado, ou seja, jogando bola. Sei que o nome Zico tem forte influência sobre os amantes do futebol em todo o planeta, mas ensinar um colega que está degraus abaixo, olhando-o de cima, não traria bons resultados.

Para ser treinador, é preciso amar o esporte. Nem sempre o bom jogador sabe passar seu conhecimento. Assim como um bom técnico não necessariamente foi bom jogador. Pode saber ensinar, mas, talvez, não tenha tido habilidade suficiente para a prática. Os talentos de um jogador e os de um treinador se diferem.

Sinto vergonha ao confessar que, pouco após chegar, quase desisti. Achei que não conseguiria fazer o que esperavam de mim. Ensinava o que sabia, explicava com calma, mostrando exemplos, fazia tudo para que entendessem, compreendessem o que eu queria passar, mas, ainda assim, não conseguiam cumprir as tarefas conforme eu pedia.

Deixei escapar para o meu intérprete que não sabia mais o que fazer. Ao recordar esse episódio, sinto que estava começando a perder a paixão pelo que vinha fazendo, o que é mortal em qualquer profissão. Contudo, refleti bastante. Lembrei que, quando jovem, também cometia erros e não engolia certos ensinamentos que me passavam. Apenas sofrendo ou errando a gente aprende.

Meus instrutores tiveram bastante paciência comigo no começo da minha carreira. Ao me lembrar disso, decidi não abandonar o barco. Quando achava que meu jogador não tinha entendido direito, repetia quantas vezes fossem necessárias. Chegava a pegar a bola e demonstrar com exemplos práticos. Se mesmo assim não desse certo, dava aulas particulares após o treino. Corria no campo com o cara, dava bronca se errasse e o elogiava caso fizesse boas jogadas.

CORRIA NO CAMPO COM O CARA, DAVA BRONCA SE ERRASSE E O ELOGIAVA CASO FIZESSE BOAS JOGADAS.

Ver o jogador evoluir me alegrava. Era o termômetro pelo qual podia medir o resultado do meu trabalho. Anos depois, quando três atletas nossos foram convocados para a seleção japonesa, fiquei feliz que nem pinto no lixo. Parecia que quem havia sido chamado tinha sido eu.

Fazendo o grupo acreditar em si

Quando cheguei ao Japão, por estarmos na segunda divisão, diziam que, caso subíssemos, seríamos um peso no campeonato. Peso, no sentido pejorativo, tipo fardo. Nossos jogadores tinham complexo de inferioridade, não acreditavam que poderiam superar equipes fortes. Se continuassem pensando assim, mal entrariam em campo e já perderiam a partida antes mesmo de o juiz iniciá-la.

Precisei consertar isso, extirpando do grupo aquele espírito de perdedor. Acabei com a consciência do "isso não vai dar certo". De forma ácida, repeti frases como:

"Se vocês se esforçarem, conseguirão chegar à mesma condição que aqueles caras!"

Não havia diferenças técnicas gritantes entre as equipes. Assim como nós, os outros times também ficavam nervosos antes de entrar em campo. Eu também ficava, mas, quando a partida começa, os 22 têm duas pernas e sabem correr. Meus jogadores precisavam introjetar isso. Enfrentando times fortes e se esforçando ao longo dos noventa minutos, alcançariam o mesmo nível dos adversários.

Precisei despertar neles essa autoconfiança, esse "nós também podemos". Injetei doses cavalares de pensamento positivo em todos, fazendo-os olhar para a frente. Aliando confiança à energia, logo surgiria o sentimento de "a gente consegue, sim!".

É importante fazer com que todos os membros de uma equipe acreditem em si. O jogador sente no corpo e na alma essa energia. Se, anteriormente, um ou outro alcançava 60 ou 70% da sua capacidade, pode chegar a 100% e, de vez em quando, 120%. Um dia aqueles 120% serão a força motriz com que sempre entrarão em campo.

Elogios são injeções de ânimo

Pelo Flamengo, disputei partidas contra um japonês que fez uma espécie de estágio no Santos, Palmeiras e Coritiba, entre outros clubes brasileiros. Seu nome, Kazu. Num dos jogos, disse a ele:

"Você conseguiu! Siga em frente!"

Soube que ele se inspirou com as minhas palavras. Hoje, quando vejo o Japão derrotar gigantes como Alemanha e Espanha na Copa do Mundo do Catar, só eu sei a satisfação que me dá.

Se noto um jovem se esforçando, trato de encorajá-lo. Por ser quem sou, entendo que o que digo o motive, principalmente se transmito confiança. No entanto, mesmo que mentalmente pensasse, jamais diria algo do tipo:

"Você não me serve, não joga nada."

Quando falei que eles podiam fazer frente aos grandes do país, juro, acreditava nisso. Caso contrário, perceberiam em meu semblante que eu estava blefando. Além de perderem a confiança em mim, nunca acreditariam no próprio potencial.

De igual forma, se apenas falasse, mas com certa indiferença, algo como "se você se esforçar, podemos ganhar", não obteria resultados satisfatórios. Líderes precisam demonstrar de forma concreta o que pensam, assim como têm que reconhecer os esforços da equipe. Quando a crença no que digo penetra a mente de cada um, logo brota a energia por que tanto anseio.

Para isso acontecer, é necessário estabelecer um objetivo concreto para cada um e trabalhar arduamente para que todos alcancem a meta em comum. Esse objetivo deve ser alcançável e é bom que se estipule um prazo para isso, para que eles próprios possam elevar suas metas no dia a dia. Para chegar ao topo da torre, é preciso subi-la degrau por degrau.

Em tudo na vida, gostar do que faz é primordial para o progresso. Se aprimorei a minha técnica a ponto de ser considerado craque, foi porque amava jogar. Por gostar tanto, queria ser melhor que os outros. Assimilava árduos treinamentos como atividades divertidas. Adorava estar com a bola, brincar com ela. Esse sentimento me fez progredir no futebol.

A força nasce da confiança

Durante uma excursão à Itália, enfrentamos a seleção da Croácia, uma das melhores do mundo na ocasião. Levamos uma surra, 8 × 1. Mudei o sistema defensivo e treinei mais forte. Meus jogadores ficaram esgotados, física e mentalmente. Podem até ter duvidado de que realmente melhorariam ao aprimorar os fundamentos básicos, mas insisti. Com esse tipo de treinamento, acreditei, o nível técnico de cada um subiria com o passar do tempo.

Na partida seguinte, empatamos com a Internazionale de Milão. Quem se surpreendeu mais foram os meus atletas. Percebi nascer neles a sensação do "e não é que a gente consegue?".

Mais chocante foi quando enfrentamos duas vezes o Fluminense, no Japão. Eles estavam ansiosos por desafiar um time brasileiro. No primeiro jogo, empate. No segundo nem os deixamos jogar, vencemos de 2 × 0. Meus jogadores vibraram no vestiário, e os senti prontos para o Campeonato Japonês. Empatar com uma equipe italiana e ganhar de outra brasileira aumentou-lhes a confiança. A fundação do que vínhamos construindo se mostrava sólida.

A confiança nasce quando repetimos várias vezes os fundamentos básicos. Isso requer tempo, ninguém os domina de um dia para o outro. Ensinei com a maior paciência, sem ansiedade ou afobação.

Em qualquer área, se a fundação inicial não estiver sólida, jamais será possível construir uma estrutura firme sobre ela.

> **EM QUALQUER ÁREA, SE A FUNDAÇÃO INICIAL NÃO ESTIVER SÓLIDA, JAMAIS SERÁ POSSÍVEL CONSTRUIR UMA ESTRUTURA FIRME SOBRE ELA.**

Depois do suor vem o orgulho

Quando cheguei ao Japão, o mundo se espantou:

"Por que o Zico foi para um país onde o futebol é tão atrasado?"

Ora, por causa do projeto. Ele moveu a minha alma. As instalações, quando prontas, ficaram ótimas. O centro de treinamento tinha sido equipado com máquinas de alta tecnologia. Graças a elas, desenvolvíamos os músculos e melhorávamos a resistência dos atletas, tendo por base dados estatísticos fornecidos por computadores modernos.

O Kashima Soccer Stadium continua sendo um dos melhores estádios do país. Todos os assentos são cobertos, nenhum torcedor pega chuva. Fora isso, é impossível criticar o sistema de drenagem do gramado. Enfim, o que nosso patrocinador fez para desenvolver não apenas o clube como a região é motivo de orgulho nacional. Foi maravilhosa a cooperação entre o governo e a cidade. A torcida nos empolgava, apoiando o time durante os jogos. Em contrapartida, animamos o povo ao cumprir o papel de tornar a localidade conhecida em todo o planeta.

Em vários países, Kashima ficou conhecida como a cidade onde o Zico jogou. Me orgulho disso. Nesse lugar e, particularmente, neste clube, graças ao ambiente que construímos, pude demonstrar toda a força que tenho também fora das quatro linhas.

DENTRO E FORA DE CAMPO

- Mais difícil do que acreditar em si mesmo é fazer o outro acreditar em você.
- O maior desafio de um líder não é ensinar a parte técnica, mas mudar a mentalidade de uma equipe.
- Saber motivar uma equipe é tão importante quanto reparar as suas falhas.
- Não é porque você é bom em algo que será bom em transmitir esse conhecimento a alguém. Nunca deixe de se dispor a aprender.
- Não existe desafio fácil. Se você topou encarar algo, aja com paciência e tranquilidade, pois só assim conseguirá avançar.
- O jogo só está ganho após o apito final. Não comemore antes da hora.
- Confiança e segurança são habilidades que se constroem com o tempo, ninguém assume essas posturas da noite para o dia.

CAPÍTULO 10

Montando uma equipe vencedora

(Kashima Antlers – 1992)

NO ANO SEGUINTE, MAIS RÁPIDO DO QUE EU PREVIA, O TIME se mostrava mais amadurecido. Subimos para a elite ao, com uma campanha digna, nos tornarmos vice-campeões da divisão de acesso.

Ter chamado para o país jogadores estrangeiros, como os brasileiros Carlos Alberto Santos e Alcindo, fortaleceu o grupo. Eles nos reforçaram tecnicamente, mas os japoneses também souberam captar minhas orientações.

Quando percebi que tínhamos alcançado o mesmo nível que os demais times da liga, pedi que jogassem mais confiantes. Não era blefe, senti isso. Não à toa, chegamos à semifinal da Nabisco Cup, a Copa da Liga Japonesa. A semente que plantei começara a brotar.

Meu desafio era ajudar fora e dentro de campo. ==Eu sentia mais o peso de ter que me posicionar como um guia, posição que demanda mais concentração e responsabilidade. De um jogador comum exige-se menos, mas eu tinha que ser o Zico tanto==

dentro como fora das quatro linhas. E visava cumprir ambas as tarefas da melhor forma.

Como atleta, eu precisava jogar, mas como técnico agiria feito bússola, indicando a direção correta a cada um. Não foram poucas as vezes em que corri coberto de lama com eles para ensinar o que tínhamos de fazer para ganhar, como nos comportar quando saltávamos na frente ou no instante em que tomássemos um gol.

Respeitando as individualidades

Cada atleta tem a própria individualidade. Se possui um lado forte, apresenta também fraquezas, deficiências. Dava orientações de acordo com as características de cada um e conforme as avaliações que eu fazia. Até por não existir uma fórmula única de se ensinar.

Carlos Alberto Santos, por exemplo, não usava bem a perna esquerda. Após os treinos, o fiz repetir, à exaustão, chutes de canhota, até ele bater de esquerda com a maior naturalidade. Advertindo e treinando dessa forma, consciente de que a repetição traz a excelência, o corpo acaba aprendendo. Com isso, os resultados aparecem com maior rapidez.

Em relação às habilidades técnicas, não podia tirar conclusões precipitadas. Mesmo que alguém parecesse não ser bom, eu não devia julgá-lo. É preciso analisar o jogador de diferentes ângulos e pensar em soluções alternativas: que modelo de futebol ele tem como experiência? Que tipo de treinamento acumulou ao longo da vida? Por que não vem rendendo o esperado? Às vezes, ajeitar o posicionamento ou mudá-lo de função resolve.

> **ÀS VEZES, AJEITAR O POSICIONAMENTO OU MUDÁ-LO DE FUNÇÃO RESOLVE.**

Avaliar o que o jogador tem, está passando ou o que lhe falta para se adequar ao time é essencial. Pode ser que o atleta não saiba, mas também há a possibilidade de que ele não queira se esforçar para aprender. Talvez ele seja mais lento que os demais ou tenha dificuldade de assimilar que imprevistos ocorrem durante um jogo e, portanto, será preciso improvisar. Se absorver isso, ele evolui mais rápido.

==Ao passar uma responsabilidade a alguém, há casos em que o atleta pode ficar triste, deprimido ou se sentir pressionado. Por outro lado, ele pode acreditar mais em si, confiando ser capaz de cumprir o determinado. Como orientador, não forço expectativas em quem noto que jamais entregará o que pretendo. Extraio esse esforço apenas de quem enxergo que conseguirá à base do incentivo:==

"Você consegue, sei que consegue, confio em você!"

No futebol profissional, tanto os que começam jogando como os que ficam no banco batalham pela posição. É natural que haja competição entre eles. Graças a essa disputa, todos aprimoram a própria técnica e fortalecem o espírito.

Tanto nos treinos como nas partidas, quem faz as melhores jogadas e se movimenta mais para ajudar é elogiado. Esse jogador tende a receber novas oportunidades. Recebendo-as, não há outra maneira de permanecer na equipe a não ser se esforçando ainda mais.

Isso ocorre em qualquer organização, não apenas no futebol. As pessoas que trabalham em uma firma competem entre si para apresentar resultados. O melhor vira o modelo do departamento, o funcionário do mês. No fim, a empresa toda sai ganhando.

Como líder, tomo cuidado com isso, pois essa rivalidade não pode atrapalhar o projeto. Ninguém tem que puxar o tapete do outro. Incentivar o espírito de competição é saudável, mas essa briga tem o trabalho em equipe como eixo principal. Oriento para que não caiam em uma espiral negativa, o que nos tornaria improdutivos.

Entendo o verdadeiro significado da palavra competição. Não é algo a ser feito com os outros, mas consigo próprio, ajustando sua capacidade e medindo até onde dá para melhorar, o quanto é preciso se esforçar.

Competir com um rival é apenas uma ferramenta a ser utilizada para o choque principal, o embate consigo mesmo. Para desafiar seus limites e elevar o espírito, que porventura pode estar enfraquecido.

Não há outra forma de avivar um time a não ser potencializando cada membro do plantel. Faço com que todos entendam a importância da agressividade na competição que precisam travar com eles mesmos. Os jogadores ganham confiança quando, depois de estimulados nos treinos, vão para o jogo e as coisas acontecem conforme o mestre antecipou. O líder amplia o crédito junto a eles:

"É... realmente aconteceu conforme ele nos disse."

A verdadeira confiança nasce da prática, a partir do acúmulo de experiências de sucesso.

Não se satisfaça com resultados ruins

Para um profissional do esporte, o resultado é tudo. Caso não o atinja, terá de suportar vaias ou críticas. Quando cheguei ao Japão, aceitei campo sem grama, chuveiros sem água, jogadores lavando os uniformes, mas me incomodou vê-los sorrir quando perdiam.

Se o time sequer empatou ou, pior, levou uma surra, como conseguiam rir? Não é postura de profissional. Nos clubes, quando meu time perdia e eu havia errado um chute que poderia ter mudado a sorte do jogo, mal conseguia encarar meus colegas no vestiário. Por diversas vezes me debulhei em lágrimas, arrasado. Vê-los tristes por não termos atingido a meta acabava comigo.

Resolvi ser mais enérgico com o grupo. Esbravejava com quem sorrisse após perder e advertia com rigor quem fazia jogadas de forma displicente. No fundo, ensinava como um profissional deve agir. Na abertura da J.League, o campeonato nacional da primeira divisão, toquei a real para o elenco:

"Diferentemente da época do amadorismo, agora a responsabilidade de vocês é mais pesada. Não estamos aqui carregando apenas o peso do Antlers, mas toda a cidade de Kashima nos ombros. Não podemos passar vergonha! Nosso objetivo é ser campeão. Assim, transformaremos a nossa cidade em referência nacional e, quem sabe, internacional. Memorizem isso!"

Muitas vezes me intrometi no dia a dia de cada um. Comer petiscos à noite em loja de conveniência, por exemplo, não é postura de atleta. Há de se manter o autocontrole. Se não agisse assim, eu não conseguiria ensinar o rigor que se exige de um profissional de ponta a quem não havia largado por completo a consciência amadora.

Consciência profissional acima de tudo

Quando subimos para a elite, notei que não havia diferenças gritantes entre os times. Ganharia quem encarasse a competição com maior consciência profissional. Essa batalha seria vencida mais por esse lado do que pela capacidade técnica das equipes.

Mesmo que alguns não se conformassem com a forma como os liderava, é a lei da selva: para sobreviver como jogador de alta performance, é preciso autoconhecimento e consciência profissional.

Joguei com e contra atletas de muitos países, também ensinei gente de diversas nacionalidades. Posso afirmar que os que aprenderam mais rápido foram os japoneses. Eles se esforçavam ao máximo para atender às minhas expectativas e refletiam quando eu chamava a atenção por algo ou dava conselhos.

Acho admirável essa vontade de realizar e a seriedade que eles têm. Às vezes, no entanto, isso atrapalhava, gerando um efeito contrário. Cito um exemplo. Quando iniciei o trabalho, via meus jogadores anotando em um caderninho cada palavra que eu dizia, como se estivessem numa sala de aula. Não deixavam escapar nenhum detalhe. Anotavam até conselhos básicos para reler depois.

Cinco minutos antes de começar a partida, cada jogador abria o seu caderninho e revisava o que eu tinha falado. Ficava pasmo ao ver.

No futebol, é importante ter a teoria em mente, mas de forma alguma se pratica esse esporte tendo por base apenas ela. Não há garantias de que a teoria te faça ganhar um jogo. Mesmo executando religiosamente o que o treinador prega, há o imponderável, o imprevisível; e, com isso, a necessidade de se improvisar.

Não existe verdade absoluta

Encaro o gramado como um campo de batalha no qual ninguém sabe o que pode ocorrer cinco ou dez segundos após um lance. Ao contrário de um videogame, por exemplo, não há certeza de vitória se atuarmos feito robôs, executando de forma mecânica o ensinado. Para jogar futebol, e também na vida profissional, é preciso maleabilidade, sagacidade, pensar rápido. Situações que sequer foram treinadas surgem o tempo todo. Até no campo da estratégia você pode programar o melhor cenário ao longo da semana, mas, se levamos um gol de início, tudo muda. É preciso adaptabilidade e flexibilidade. Quem executa apenas o que foi pedido atrapalha a organização. Quanto mais gente desse tipo o grupo tem, mais a equipe perde o poder de se desenvolver. Por isso, tenha o cuidado de formar equipes independentes, criativas e estratégicas. Elas podem mudar o jogo nas horas de necessidade.

É PRECISO ADAPTABILIDADE E FLEXIBILIDADE.

Há diversas teorias no futebol, mas nenhuma absoluta. Além de aprender e manter em campo o que foi determinado, mais importante é o jogador se desafiar para as novas situações que aparecem. É preciso ser criativo; a individualidade existe para isso. Apenas com flexibilidade se muda estrategicamente uma tática, reagindo àquela apresentada pelo adversário. Se for para agir como um animal adestrado, é melhor repensar sua postura. O ser humano é capaz de se reinventar, dobrando ou triplicando o efeito, mas isso só vai acontecer se não agir conforme o que determinaram.

Apesar de achar estranho, nunca forcei meus jogadores a pararem de escrever nos cadernos. Sequer pedi que deixassem de ler as anotações. Deixei-os livres para fazer o que quisessem. No entanto, como era meu dever, advertia quando erravam.

Eles liam antes de entrar em campo por terem um sentimento fortíssimo de "não posso esquecer o que o treinador ensinou". De forma inconsciente, aprisionavam-se ao sentimento do "tenho que fazer isso". Se passasse instruções do tipo "não leiam o caderno" ou "pensem com a própria cabeça", sem querer aumentaria a quantidade de correntes que lhes atavam os pés. Era melhor deixar daquele jeito; caso contrário, se sentiriam perdidos ou sem rumo.

Resolvi trocar o tipo de treinamento. Escolhi alguns através dos quais pudessem fazer jogadas com maior liberdade, deixando-os se movimentar livremente. Vez ou outra perguntava por que um fez isso e outro aquilo, em situações semelhantes. Queria que respondessem, fazia-os refletir. Se me dessem uma resposta convincente, ótimo; caso contrário, conversava abertamente, questionando se enxergavam outra forma de chegar ao resultado.

Jogador profissional não pode ser dominado por um tipo de consciência que lhe diz o tempo todo "tenho que executar dessa forma", portanto "preciso abrir o meu caderninho minutos antes de entrar em campo". Atletas assim jamais serão levados a sério. Sem usar a individualidade, não avançarão na vida, mesmo tendo qualidade; nem se sentirão livres para criar. É preciso raciocinar o melhor a ser feito em determinada situação, independentemente do que foi ensinado.

Queria que meus jogadores se libertassem daquela maldita mentalidade que os impedia de criar ações inéditas, diferentes. Aquele negócio de "não posso fazer isso" ou "tenho que fazer aquilo" não existe! Desejava que inventassem jogadas novas, originais. Somente assim avançariam na carreira.

Obviamente, para dominar o básico da técnica é importante executar de forma fiel tarefas padronizadas, mas se limitar a um formato predeterminado reprime a criatividade.

Naquele início de profissionalismo, os japoneses hesitavam tomar a iniciativa de fazer um movimento diferente, por mais trivial que fosse. Precisavam ganhar autonomia. Em campo, atuavam de forma quieta, como se estivessem numa sala de aula. Morriam de medo de errar. Era trabalho meu alterar aquela passividade. Atleta que não assume a responsabilidade, por medo de falhar ou por falta de confiança, não serve para ser profissional.

Passei a não mais elogiar, muito menos repreender o resultado obtido em campo. Apenas sinalizava assertivamente quando tomavam uma iniciativa, mesmo que culminasse numa falha. Valia mais enaltecer a vontade de tentar algo diferente. Isso os deixava confiantes. Começaram a perder o medo de cometer erros, o que é absolutamente normal em qualquer profissão. É preciso que todos entendam: só não erra quem não tenta. E, ao não tentar, uma equipe corre o risco de permanecer estagnada.

Jogadores que atuam apenas com jogadas e táticas predefinidas nunca se tornarão astros em esporte algum. Nem ajudarão a formar um time forte, no máximo uma equipe previsível. O que atrai no futebol é o improviso, a originalidade que um jogador demonstra quando precisa obter o melhor resultado possível diante de uma situação adversa.

Passei a não comentar nada após as partidas. Apenas na reunião, quando nos reuníamos no clube. Ao recordar os momentos relevantes do último jogo, questionava se achavam que tal jogada tinha sido mesmo a melhor a ser executada. Avaliavam e eu os aplaudia, encorajando-os a tentar algo que sequer tivessem treinado.

Quem não consegue trabalhar sem receber ordens e quem não sabe avaliar algo por si próprio jamais ajudará a corporação a se tornar forte. Cabe ao líder fazer o grupo se autodesafiar o tempo todo, mesmo que alguns se equivoquem vez ou outra.

A importância do poder de decisão

Sempre tive consciência da importância das decisões que tomava. Imprevistos ocorrem em qualquer jogo. Planejávamos uma tática durante a semana, prevendo o que poderia acontecer, mas, quando algo impensado ocorria, eu avaliava a situação de forma rápida para tomar uma decisão de imediato. Se não agisse assim, o adversário tenderia a se antecipar ao que eu pretendia fazer e, com isso, meu time poderia sofrer um ataque letal.

Nesses instantes não há como consultar a opinião de alguém para só depois obedecer. É preciso decidir e agir rápido, e esse ato solitário requer coragem.

Poder de decisão é característica que não pode faltar ao líder. Óbvio que há situações em que você pode não tomar a decisão sozinho. Para resolver problemas extracampo, por exemplo, deve-se considerar a opinião de outras pessoas, como colegas, a própria comissão técnica e, quem sabe, a diretoria. Em casos assim, mesmo que leve um tempo maior, prefiro conversar com mais gente antes de escolher a melhor solução.

PODER DE DECISÃO É CARACTERÍSTICA QUE NÃO PODE FALTAR AO LÍDER.

Entretanto, a demora para decidir pode dar a entender que o líder não quer avocar suas responsabilidades. Nunca deixei de assumir as minhas. Se deixasse, jamais teria forte liderança junto às equipes. É necessário coragem para tomar decisões. Mesmo que deem errado ao final.

DENTRO E FORA DE CAMPO

- Para transformar uma equipe mediana em outra, forte e vencedora, é preciso paciência, flexibilidade e visão de futuro.
- A excelência não se atinge apenas com a teoria. É preciso treino para alcançar o máximo potencial possível.
- Mais importante do que comemorar uma vitória é ter profissionalismo para encarar uma derrota.
- Errar faz parte do processo entre aqueles que verdadeiramente se dedicam a ser os melhores.
- Liderar é assumir o posto de decisão, por mais difícil que possa ser.

CAPÍTULO 11

Mudando o patamar de um grupo

(Kashima Antlers – 1993/1994)

NO FINAL DA DÉCADA DE 1980, JOGUEI COM O ATACANTE Alcindo, no Flamengo. Gostei muito da sua personalidade. Ele é aquele tipo de pessoa que abre o coração para qualquer um. E, por ter se casado jovem, o seu rendimento melhorou. Digo isso porque é importante que um jogador tenha uma vida estável longe do clube.

Para ser importante no jogo e servir de modelo para os demais, é preciso estar focado na profissão. Caso o seu lar seja uma fonte de felicidade, você não fica nem se sente perdido, desperdiçando tempo com situações que atrapalham a carreira, como farra, noites, mulheres ou vícios.

Aconselho meus atletas em relação a como um profissional deve se comportar. Dentro disso se insere a sua vida privada, como agir e o que fazer fora do ambiente de trabalho. Contudo, primordial é o jogador demonstrar uma sincera vontade de dar o máximo de si nos treinos, jogos, trabalhos físicos e na sala de musculação.

De preferência, esforçando-se sem negligência, com a finalidade de progredir. É o que chamo de consciência profissional.

Ter buscado Alcindo foi um tiro certeiro. Ele e os demais brasileiros que levei para o Kashima serviram de modelo para os japoneses. Ter referências, alguém em quem se espelhar, é de suma importância em qualquer ambiente.

Você não passa de uma peça

Para formar um grupo vencedor, é preciso desenvolver o trabalho em equipe. Seria excepcional se isso fosse viável contando apenas com um único jogador, um técnico ou um dirigente. No entanto, somente o trabalho em grupo viabiliza essa transformação.

Por mais que um jogador seja fora de série, ele não marca gols sozinho. É necessário que os demais cooperem. Por isso valorizo o trabalho em equipe. E para alcançar esse objetivo é necessário aumentar o moral de cada membro e unir todos os envolvidos.

Cheguei ao Japão com a incumbência de, como líder do Kashima Antlers, desenvolver a equipe para ser capaz de conquistar títulos. E, dois anos e meio após a minha chegada, em julho de 1993, conquistamos a nossa primeira taça. Fomos campeões da Copa Suntory, primeiro título profissional da J.League, o que surpreendeu muita gente.

Cada um dos jogadores que conduziram o clube àquele título atuou com sangue nos olhos, cheio de paixão. Meus atletas suportaram treinos rigorosos por gostarem muito de jogar futebol. Ganhamos o turno graças ao nosso poder de concentração. Estávamos à frente dos demais no plano mental. Essa conquista teve mais a ver com eu ter batalhado pelo autoconhecimento deles como profissionais do que pela bola que jogaram.

O jogador sul-americano confia mais na sua habilidade individual do que no poder da organização como um todo. Mas o fato de

==um time da América do Sul ou da Europa ser tão forte não se resume a talentos individuais. Quantos esquadrões não ganharam nada?==

Todos precisam estar focados no jogo coletivo. Futebol não é competição individual. Um talento só se sobressai caso conte com o apoio do restante da equipe.

A soma de anéis vira corrente

Quando conquistamos a Suntory Series, não joguei a partida decisiva por estar machucado. Meus atletas, contudo, suaram sangue. Doaram-se 120%, mesmo jogando sob pressão, devido ao fato de o Kashima jamais ter sido campeão de nada. Na véspera da final, alertei o grupo:

"Se vocês acham que já ganharam, falharemos onde menos esperamos. A J.League não acaba amanhã, não. Temos de manter o foco e continuar fazendo o nosso melhor até o final do campeonato."

Senti, claro, por não estar com meus companheiros em campo, mas foi indescritível assistir à alegria estampada nos olhos de cada um, após o jogo, no vestiário. Significou mais do que várias medalhas e prêmios que ganhei. Quem imaginaria que, tão rapidamente, o último time a ser admitido na J.League seria o campeão?

Nas previsões, antes do começo da competição, éramos o azarão. Sempre que ouvia isso o meu espírito de luta se autorrenovava. E, com o título enfim obtido, meu orgulho foi às alturas.

==Um time é a soma de elos de uma corrente. Se um desses elos se solta, a corrente quebra. Devemos formar um anel sólido para a corrente ser tão forte quanto.== Eu me vejo como um desses anéis. E não há diferença alguma entre eles. Todos só se tornam corrente caso estejam entrelaçados.

Como o meu joelho não me permitia jogar direto, nossa equipe aprendeu a adentrar o gramado sem o efeito positivo da minha presença. Os jogadores se conscientizaram de que teriam de fazer em dobro a sua parte, talvez.

==Para ter um elo forte, é preciso elevar a consciência de cada um, para que todos pensem igual. É relativamente fácil elevar o nível de consciência dos titulares, problemático é fazer os reservas pensarem do mesmo jeito.== Se eu não conseguisse isso, não teríamos problemas enquanto os titulares pudessem atuar, mas na falta de um ou mais jogadores a corda tenderia a ruir.

==Deixo claro, desde o início, qual o papel de cada peça e o objetivo da equipe como um todo. Na hora de ir para o jogo, eles sabem o que precisam cumprir. Quem não entende isso sequer é aproveitado no decorrer dos jogos, mas, se a consciência do objetivo em comum estiver firme, não haverá queda de rendimento quando for necessário trocar um ou outro durante a partida.==

Aos poucos, meus jogadores passaram a entender o significado do que é contribuir para o time. Quando eu colocava um reserva, nos instantes finais, ele não entrava chateado devido ao tempo escasso que teria para mostrar seu jogo. Fossem míseros cinco minutos, esforçava-se para fazer melhor do que quem esteve em campo ao longo dos oitenta e cinco anteriores.

Certa vez, goleamos um adversário por 5 × 0. Em uma jogada individual, Alcindo tentou *chapelar* um zagueiro em vez de chutar a gol. Esbravejei:

"Para com isso, porra! Você não joga sozinho!!!"

Durante as preleções, não checo somente as estratégias, mas conscientizo cada um quanto à sua importância para a equipe. No caso do Alcindo, ele não podia desperdiçar uma boa oportunidade por querer chamar os holofotes para si. Esqueceu-se de que estava ali para conduzir o time na minha ausência e focou apenas a sua atuação. Não se deu conta de que fazia parte de um todo. Mesmo tendo jogado bem, saí chateado com ele.

==Não me omito quando vejo alguém abusar do individualismo.== Por mais que seja uma vitória maiúscula ou ele tenha sido o destaque, fico furioso. É uma armadilha tentar se destacar por ser mais habilidoso que os demais. Eu mesmo só me tornei o Zico porque havia outros dez cooperando. Sem eles, eu jamais viraria um astro do esporte. É preciso executar direito o seu trabalho, sem soberba nem ânsia de ser o melhor. O melhor não precisa ser. Ele é.

É UMA ARMADILHA TENTAR SE DESTACAR POR SER MAIS HABILIDOSO QUE OS DEMAIS.

Claro que a habilidade individual é importante. Mas o que define o resultado de um jogo é o trabalho coletivo. Para aproveitar a técnica individual de um craque, todos têm que construir uma situação favorável para que ele possa dar o seu retoque genial.

Agora, se um jogador perturba o ambiente, mesmo que seja a estrela da equipe, saio do sério. Ele não passa de um membro da organização. Tem que refletir sobre o que fez e o que deve realizar para conduzir a equipe a vitórias.

É normal que um jogador se destaque por ter atuado bem. Ganha prêmios, vira o nome do momento. Particularmente, acho mais justo premiar o esforço de todos que lhe possibilitaram se destacar. Na entrevista após o jogo, a meu ver, o craque da partida deve enaltecer o trabalho dos demais. É necessário ter esse espírito de grupo, e humildade não faz mal a ninguém. Pelo contrário, os próprios companheiros o valorizarão.

O momento certo de advertir

Esbravejar com alguém da sua própria nacionalidade é mole. Já com jogador de outros países, principalmente sem dominar o idioma, é tarefa inglória.

Se for brasileiro, eu falo o que penso em bom português. Mas com estrangeiros não tem jeito, chamo um tradutor para estar ao meu lado. Há um certo amortecimento, eu sei. No Japão, pedia ao Kunihiro Suzuki, meu intérprete, para, na hora de dar esporro, se transformar no próprio Zico. Ele aprendeu a ficar bravo que nem eu ao dar uma chamada mais firme em alguém. Eu dava a bronca de forma áspera, sendo severo e demonstrando emoção, e ele traduzia ao pé da letra, tanto nas palavras como no gestual.

Foi difícil para ele, até por não estar tão insatisfeito quanto eu. Por isso, antes de instruir os jogadores, tratei de prepará-lo. Com o tempo, ele passou a me representar muito bem, transferindo a minha emoção da forma correta.

Dar bronca em comandado é difícil. E, dependendo de como o líder faz isso, pode perder moral junto ao jogador. Se bobear, ajuda a desmoronar a relação de confiança que há entre ambos.

A pior situação é quando você se torna aquele tipo de líder que precisa gritar o tempo inteiro para mostrar que manda. Quem acha que tem o direito de esnobar os outros, agindo de nariz em pé só porque é o líder, para mim, está reprovado no teste para ser líder.

Há duas regras básicas para ser firme ou rude com um colega de profissão. A primeira é mostrar com clareza o objetivo. No caso de advertir um jogador, há de se apresentar o motivo. O atleta que deveria ter se esforçado mais, ou o jogador que não rendeu o que podia, precisa entender o porquê. Ninguém jamais compreenderá a razão se não apresentarmos a causa com um argumento justo. Esbravejando a esmo nunca vou obter o resultado esperado. Mas consigo indicar o caminho se mostrar de forma clara.

A segunda regra é ficar bravo na frente de todos. Em geral, quando critico alguém faço isso diante do grupo. Pode parecer austero, mas aponto para o jogador, diante dos demais, perguntando por que fez tal jogada e não outra em determinado lance.

É preferível criticar a se manter calado. No Kashima, sempre dei esporro nos japoneses e nos brasileiros sem distinção. Agindo assim na frente de todos, o grupo percebe que o líder é justo.

Da mesma forma que em toda regra há exceções, cada jogador tem sua personalidade própria. Se na equipe existem atletas mais sensíveis, há também quem se motive ao ouvir nossas observações. O líder precisa saber separar isso e atuar de forma diferente vez ou outra. Cada caso é um caso. É preciso saber a forma certa de chamar a atenção de alguém.

O objetivo do líder quando dá uma chamada mais forte é fazer o atleta compreender que tipo de erro cometeu ou vem cometendo. Para isso, é imprescindível manter uma boa comunicação com o plantel. No Brasil e na Itália, sempre que o líder advertia alguém, o time falava junto. Ninguém fazia cerimônia. Dizíamos o que pensávamos de forma direta, debatendo com o técnico:

"Que tal mudar a tática da próxima vez? O jogo não pode melhorar se o senhor alterar o nosso posicionamento em campo?"

O time precisa expressar com clareza a sua opinião. É saudável. Quem só se mexe obedecendo ordens é covarde, não quer assumir responsabilidades.

Quando algo é dito pelo treinador, se alguém achar que ele está errado ou tiver uma ideia melhor, que expresse esse pensamento. O líder é alguém escolado, experiente, mas não o dono da razão. Pode, quem sabe, estar preso a um raciocínio errado.

Quem julga incorreta a forma de um líder agir deve se aproximar e aconselhá-lo. Se a pretensão é construir um time forte, os jogadores precisam alcançar esse nível. Ficar quieto ou ter a postura de não querer ajudar arrasta a equipe para o umbral da estagnação.

Assumir responsabilidades não é função apenas do líder. Todo jogador tem a sua, a diferença está na atribuição de cada um. Quem pensa em se tornar líder precisa ter isso em mente e tomar a iniciativa de se aproximar de todos. É necessário aprovar ou reprovar a reação do companheiro, fazendo com que se questione:

"Por que não consegui fazer isso? O que devo realizar para conseguir da próxima vez?"

Valer-se da violência para fazer um jogador obedecer, ou agredi-lo com palavras, não traz bons resultados. Quando o líder sabe conversar, conduz o jogador a uma conclusão que satisfaça a todos. Quanto mais convincente o papo, mais rápido o jogador evolui.

Dizem que tenho rejeição zero, mas deve haver, sim, quem não goste de mim. Afinal, já falei coisas desagradáveis, principalmente para dirigentes que pensavam mais em ganhar dinheiro, e não em fortalecer seus times ou a federação que comandava.

O líder precisa ter essa postura. Sua credibilidade aumenta quando ele se mantém o mesmo diante de quem quer que seja. Se falasse ou agisse de forma ríspida com certos jogadores, mas fizesse cara de contente para os diretores, perderia moral junto à equipe.

Sair de si nem sempre é ruim

Dizem que errei feio na final da J.League ao cuspir na bola antes de um adversário cobrar um pênalti. Ora, o juiz me deu cartão amarelo quando fui agredido pelo Bismarck, um brasileiro que jogava no Verdy Kawasaki, e, não satisfeito, inventou um pênalti para que empatassem. Em suma, fez o diabo para não sermos campeões.

Após perdermos de 2 x 0, tínhamos de ganhar por três gols de diferença a partida decisiva. Estava 1 x 0 para nós quando Bismarck me deu a cotovelada no peito. De tão forte a agressão, passei a noite no hospital e viajei por uma semana para me tratar no Brasil.

Aquela final se tornou polêmica devido ao ato que cometi. Quando reclamei com o árbitro, em vez de dar cartão para o Bismarck, ele ergueu para mim! Eu sabia que ele havia sido funcionário do Verdy e, talvez por isso, inventou aquele pênalti que ajudou seu ex-clube a ser campeão. Revoltado, cuspi na bola, coisa de moleque, admito, mas é que o sangue ferveu. Nessas horas você nem pensa, faz.

Como já tinha o amarelo, recebi outro e fui expulso. Cometi um ato antiesportivo? Sim. Mas não me arrependo. Afinal, aquele gesto grosseiro resultou em uma mudança abrupta de pensamento no Japão. As arbitragens passaram a ser exercidas por gente mais bem preparada, juízes mais comprometidos com o espetáculo.

Resumindo, o que fiz serviu para repensarem o amadorismo da arbitragem local.

DENTRO E FORA DE CAMPO

- Um líder não precisa ter todas as respostas, mas precisa saber passar o seu conhecimento aos liderados. Só assim será respeitado.
- Um bom líder trata todas as pessoas da mesma forma, não existe pior nem melhor. Para um líder, os liderados são iguais.
- Elogios e críticas devem ser feitos diante de todos e com a mesma emoção.
- Não se considere dono da razão. Muitas vezes, a visão de quem está em campo complementa os seus ensinamentos.
- Rever a rota é sinal de aprendizado, não de fracasso.
- Você vai errar, se desejar mesmo chegar ao topo da sua profissão. O importante é aprender com os erros.

CAPÍTULO 12

O caso Romário e o drama de Ronaldo

(Seleção brasileira – 1998)

CONVIDADO PARA SER COORDENADOR-TÉCNICO DA Seleção brasileira na Copa do Mundo da França, em 1998, minha função não era puxar o saco do técnico Zagallo, tampouco lhe dizer o que devia ou não fazer. Meu papel era manter a harmonia entre a comissão técnica e os jogadores. Não viajei para dar palpites, convocar nem cortar atletas. Faço questão de deixar isso claro, neste capítulo.

Ajudar demais, às vezes, atrapalha

Trato todo mundo como gosto de ser tratado, mas já recebi carga desproporcional por situações que nada tinham a ver comigo. Falo, especialmente, daquele episódio em que Romário zombou de mim e do Zagallo ao estampar caricaturas nossas na porta dos banheiros de uma casa noturna que ele abriu no Rio de Janeiro. Jogaram sobre mim um peso excessivo e paguei um ônus brutal devido a bate-bocas ocorridos em outros tempos.

Sabe aquela discussão, 1982 ou 1994? Pois é, fizeram a cabeça dos tetracampeões mundiais de que a nossa geração era melhor, mesmo sem ter vencido a Copa. Uma palhaçada. Opinavam e divulgavam o que queriam, sem nos ouvir. Desceram o cacete em nós. Ninguém da nossa seleção falava mal da geração posterior. Somente a imprensa, sempre ela. Contudo, sobrou para mim.

A mídia metia o pau no time de 1994 e nos elogiava ao comparar as equipes. Pegos de surpresa, alguns jogadores que venceram a Copa dos Estados Unidos passaram a nos responder como se tivéssemos inventado a polêmica. Geraram um arranca-rabo sem pé nem cabeça: quem é melhor, Zico ou Romário? Debate desnecessário, por sinal.

Pois bem, na Copa de 1998, quando Romário foi cortado às vésperas da competição, a bomba explodiu no meu colo. Como se eu o tivesse cortado. Ora, que corte eu fiz? A decisão final era do líder, não minha.

Numa reunião, dias antes, conversei pessoalmente com Romário:

"Cara, quem dá a última palavra é o médico. Você está com uma lesão na panturrilha, não consegue treinar, mas, vem cá, se o Zagallo te quer, e ele quer, vai te esperar até o último dia. No entanto, cabe ao médico dizer se você vai ou não disputar a Copa, entendeu?"

O médico, no caso, era o doutor Lídio Toledo, que numa reunião, semanas depois, antecipou para a comissão técnica:

"Não tenho como confirmar se Romário vai conseguir jogar o segundo jogo, nem o terceiro, nem nas oitavas..."

Ficou a critério do Zagallo levá-lo ou não. Era ele o treinador. Após muito refletir, o Velho Lobo decidiu:

"Vou convocar outro."

Ok, pensei, *problema dele*. Contudo, ele me pediu que avisasse o Romário. Ninguém queria falar com o cara. Todo mundo com o cu na mão para explicar que, depois de ter sido campeão e astro máximo da última Copa, o camisa 11 não jogaria o Mundial da França.

A decisão final tem que ser do líder

Como todos estavam receosos, mas alguém tinha que falar com ele, jogaram para mim a responsabilidade:

"Está bem, vou lá bancar o antipático e falar com Romário. Mas vou chamá-lo aqui pra que vocês lhe comuniquem oficialmente", antecipei.

Não esperava que desse aquela merda toda. Disseram que, vaidoso, eu quis cortar o cara. O pior é que, ao ver as pessoas escrevendo e falando sobre isso, ele enfiou esse troço na cabeça. Logo eu, que esperei por ele o tempo todo, acabei sendo crucificado.

Romário passou a me dar porrada via imprensa e ainda fez aquela brincadeira sem graça na boate, algo de mau gosto e que ofendia a minha honra e a do Zagallo.

Passado um tempo, o craque do basquete Oscar Schmidt foi contratado pelo Flamengo. Fui convidado a fazer as honras de recebê-lo na sede do clube. Um dirigente me telefonou:

"Zico, você vai poder ir à Gávea? Ainda existe algum problema entre você e o Romário?"

"Comigo? Ué, não tenho nada com ele. Você acha que, por acaso, vou deixar de ir aonde quero só porque ele vai ou não estar lá?"

Fui. A certa altura, o presidente do clube me chamou para acertar os ponteiros com o atacante. A gente se ajeitou, mas fiz questão de falar para ele:

"Vou explicar uma coisa pra você, Romário, mas só pra você..."
E comecei: "Quero te dizer o seguinte: enquanto você não me demonstrar, como homem, por meio das suas atitudes, que um dia posso voltar a confiar em ti, não vou mudar minha opinião nem meu pensamento a seu respeito."

Dito isso, esmiucei o que houve em relação àquele corte, colocando todos os pingos nos is:

"Não tenho nada contra você, não quero o seu dinheiro, mas saiba que vou até o fim com o processo. Pode ter certeza disso."

Manchar a imagem de alguém é passível de danos morais, afinal, fui exposto ao ridículo. Levei um tempão para construir uma imagem e, de repente, alguém te expõe publicamente segurando um rolo de papel higiênico para outra pessoa, como se eu fosse um babaca, na porta de um banheiro público?

Romário mesmo concordou:

"Entendo, Zico. Se eu fosse você, faria até pior."

"Pois é, mas não tenho nada contra ti. Quero apenas a reparação da minha dignidade."

Tempos depois, fui convidado a participar do *Bem, amigos!*. Durante o programa, voltaram com a ladainha, 1994 ou 1982. Aproveitei para contar a história no ar:

"Olha, gente, o único que não está mais vivo aqui é o doutor Lídio, mas o Paixão está, o Wendell, o Américo Faria, todos da comissão técnica. Se algum deles falar que o que estou dizendo aqui não é verdade, podem bater em mim à vontade, mas quero ver se alguém vai aparecer aqui pra me desmentir."

A audiência foi tamanha, chegaram até a esticar o programa. Todos quietos, só eu falava. O próprio Romário deve ter assistido. No mínimo, contaram para ele.

A realidade é que todo mundo participou daquela reunião, mas precisei resolver sozinho a situação. Mais tarde, Zagallo deu entrevistas dizendo que não fui eu quem comunicou a decisão ao Romário, e sim ele. Na França, posso garantir, não foi bem isso o que aconteceu, não.

O cineasta Luiz Carlos Barreto, que estava assistindo pela TV, me ligou assim que o programa acabou:

"Zico, esses caras vão te foder. O que fizeram contigo é uma sacanagem, não se faz com ninguém."

"Bom, só o tempo vai dizer quem tem razão", respondi. "Não se preocupe, nem esquenta a cabeça. A verdade sempre vem à tona."

E vem mesmo. Tanto que a minha imagem não foi maculada com o episódio. Sigo andando de cabeça erguida aonde quer que eu vá e tenho total consciência do que fiz, do que faço e de como reajo ao que fazem comigo.

Problemas médicos afetam o ambiente

Na final daquela Copa de 1998, o mundo estremeceu com o drama vivido por Ronaldo, o Fenômeno. Não vi, mas soube, claro, que ele passou mal em seu quarto, na concentração.

Eu, Gilmar Rinaldi e Evandro Mota, um amigo pessoal do técnico Parreira que dava palestras motivacionais para o grupo, conversávamos após o almoço, por volta das 16 horas. A final começava às 20h45, mas daríamos a preleção às 17 horas, ou seja, estávamos prestes a começá-la.

Cada um foi tomar banho. Assim que saí, esbarrei no rol com o treinador de goleiros, Wendell:

"Passa no quarto do Ronaldo agora, Zico! Está acontecendo alguma coisa com ele."

Mal entrei e vi o Fenômeno de pé, encostado na cama. Roberto Carlos, imóvel na outra, de olhos esbugalhados. Perguntei ao médico que estava ali, o Joaquim da Mata, o que havia acontecido.

"Acho que Ronaldo teve uma convulsão."

"Mas está tudo bem?"

"Sim, agora está."

Bastou dizer isso e, em fração de segundos, Ronaldo desmoronou, caindo deitado no colchão. Apavorado, Roberto Carlos revelou o que tinha presenciado. Perguntei ao Da Mata:

"Doutor Lídio já sabe disso? E o Zagallo?"

"Ainda não, mas vou avisar a eles."

Voltei para o quarto e me preparei para jantar. Ao chegar ao refeitório, vi Ronaldo a uns vinte metros. Ele parou de frente para a porta e remexeu o corpo, fazendo aqueles movimentos típicos de quem está se aquecendo. Até brinquei com ele:

"O jogo é só às 20h45, Ronaldo! Já tá no aquecimento?"

Ao cumprimentá-lo, ele murmurou:

"Puta merda, Galo... Acordei agora, mas parece que levei uma surra."

Senti que não sabia da missa o terço. Quem sofre uma convulsão contorce todos os órgãos, músculos e nervos. Devia estar com uma sensação física terrível mesmo.

Terminado o jantar, a comissão técnica se reuniu em caráter de emergência. Doutor Lídio explicou o ocorrido e mandou Joaquim da Mata levar Ronaldo imediatamente para o hospital, enquanto Zagallo encaminhou o restante da delegação para o estádio.

Minutos antes de entrar no ônibus, o técnico fez a preleção, escalando Edmundo entre os onze. Ainda motivou o grupo, ao lembrar que havia passado por situação semelhante na Copa de 1962, quando viu Amarildo arrebentar ao substituir Pelé. Emocionado, pediu que o pessoal ganhasse o título e o dedicasse a Ronaldo, que foi tão importante para nós ao longo da competição.

Terminado o discurso, fomos para o ônibus. No caminho, um silêncio ensurdecedor. Clima de velório, nada a ver com os outros jogos quando batucavam, cantavam samba, faziam a maior farra.

Chegando ao Stade de France, escapei até a entrada do túnel para ver parte da cerimônia de encerramento. Era show do Ricky Martin. De repente, um assessor do Ricardo Teixeira me chamou às pressas para o vestiário. Teríamos nova reunião. Reunião a uma hora do jogo? Achei estranho, mas fui. Para minha surpresa, encontrei Ronaldo. Ele vestia o uniforme e aparentava estar normal:

"Gente, fiz todos os exames e os médicos disseram que não tenho nada. Vou pro jogo!"

Lídio baixou a cabeça, calado. Ronaldo virou-se para ele:

"Doutor, joguei a Copa inteira, os médicos me liberaram, estou me sentindo bem... Quero jogar!"

Novo silêncio no ar. Diante da comissão técnica e do Fábio Koff, o chefe da delegação, Zagallo solicitou que Lídio desse o veredito. Sem muita convicção, o médico-chefe autorizou a escalação.

"Você está bem mesmo?", Zagallo perguntou. "Se sim, está dentro!"

Minutos depois, a sós comigo, o Velho Lobo se mostrou cabreiro:

"E agora, Zico?"

"Agora? Agora vamos torcer pra não acontecer nada com esse rapaz."

Nem Zagallo sabia ao certo o que tinha havido com Ronaldo. Se estivesse ciente, modificaria o teor da última preleção. Sem aliviar o coração de quem viu de perto o drama vivido pelo goleador, ingenuamente achou que o que havia acontecido não afetaria o grupo. Mas afetou. No primeiro tempo, a seleção praticamente não entrou em campo.

Naquele lance em que Ronaldo se chocou com o goleiro Barthez todos se apavoraram. Cafu foi ao desespero, levou as mãos à cabeça. Na boa, não dava para ninguém jogar futebol naquele dia. E somente uma pessoa poderia vetar o astro do time, e então melhor jogador do planeta: o doutor Lídio Toledo.

Depois de tudo o que aconteceu com Ronaldo, o corpo médico do hospital parisiense não devia tê-lo liberado. Ao permitir que saísse, óbvio, o jogador correu para o estádio. Quem, em sã consciência, não quer disputar uma final de Copa do Mundo?

==Conversei com vários médicos depois. Quem sofre convulsão deve permanecer sob observação por, pelo menos, vinte e quatro horas. O correto seria o hospital segurá-lo e liberar sua saída apenas no dia seguinte.==

Se o problema tivesse ocorrido na véspera, acredito que seria mais fácil de ter resolvido, mas a sete horas da partida...

O fato de Ronaldo ter passado mal mexeu com o grupo, isso é inegável. A França, que não tinha nada a ver com a história, ainda mais jogando em casa, meteu 3 × 0 na gente.

CAPÍTULO 13

O reconhecimento na Terra do Sol Nascente

(Seleção japonesa – 2006)

GRAÇAS À MINHA LIGAÇÃO ÍNTIMA E INTENSA COM O JAPÃO, quando o presidente do Kashima Antlers tornou-se presidente da J.League e seu vice foi chamado para o Comitê Organizador da Copa do Mundo do Japão e da Coreia do Sul, ambos me chamaram, em 2002, para ser o técnico da seleção japonesa no Mundial seguinte. Não tive como dizer não.

Eu já havia sido técnico, ainda que por oito meses, no próprio Antlers. Era um momento de extrema instabilidade do time. Assumi o controle e obtivemos bons resultados. Talvez por isso o novo presidente da Liga aventou meu nome para treinar a seleção.

Nunca desista, tente até o fim

Como técnico da seleção, cabia a mim toda e qualquer decisão relacionada a convocação ou cortes, estando certo ou não, mas de acordo com as minhas convicções. Nunca deixei para outro a responsabilidade de cortar alguém, muito menos convoquei quem não queria. Contudo, aconteceu um caso interessante.

NUNCA DEIXEI PARA OUTRO A RESPONSABILIDADE DE CORTAR ALGUÉM, MUITO MENOS CONVOQUEI QUEM NÃO QUERIA.

Um atacante japonês, pouco antes da Copa de 2006, teve um problema na coluna. Esperei por ele até o dia da convocação final. Sofrendo horrores, ele clamava:

"Não quero ir, não, Zico. Dói muito..."

Nunca deixei de incentivá-lo:

"Eu sei como é isso, mas vamos tentar até o último dia. Quero muito você conosco na Alemanha!"

Não deu, ele preferiu desistir. Tive de convocar outro. Que, mesmo sendo o último da lista, foi para o Mundial feliz da vida. Fica a lição: nunca desista do seu sonho, mesmo que pareça impossível. Tem sempre alguém te olhando, e oportunidades surgem quando menos se espera.

Reduza o distanciamento

Diminuo a distância entre as pessoas à base da conversa. Fiz isso sendo jogador, depois como coordenador ou técnico. Dialogava sempre que possível, caso me dessem liberdade para isso. Nos treinos, falava o que percebia. Se fosse preciso, aconselhava:

"Nesse caso, o melhor a ser feito é isso aqui..."

Se o jogador fizesse por merecer, eu rasgava elogios:

"Caramba! Essa jogada foi ótima!"

Nunca deixava de prestar atenção ao entorno, nenhuma mudança me escapava aos olhos. Se visse um jogador abatido, ou quem sabe desanimado, o apoiava. Fazia o mesmo caso notasse alguém com aparência estranha no treino. Perguntava se vinha passando por problemas extracampo e, dependendo do que fosse, encorajava-o.

Agindo dessa forma, acredito, uma organização jamais sofrerá queda abrupta de rendimento.

Um ano após assumir, precisei escolher um cobrador de faltas, para chutar a gol ou levantar na área. Quem pegava melhor na bola era o Endō, jogador do Gamba Osaka. Puxei-o pelo braço:

"Agora é você quem bate pênaltis, escanteios e faltas pelas laterais."

A *priori*, ele ficou receoso. Depois, gostou da experiência.

"Quando sair daqui, volte pro seu time e avise ao treinador que, a partir de agora, você é o cobrador de todas as faltas da equipe, ok?"

Assim foi feito. E na Copa do Mundo da África do Sul, em 2010, ele meteu um lindo gol de falta, contra a Dinamarca. Ao fim do jogo, me enviou uma mensagem de agradecimento, via celular.

Endō virou capitão dos seus times e da seleção por anos a fio, sendo sempre o cobrador oficial de faltas e pênaltis. Ou seja, bola parada era com ele. Acertei na escolha outra vez.

Não misture o profissional com o pessoal

==Devido aos costumes dos japoneses, precisei mudar o meu jeito, deixando de lado certas coisas que normalmente fazia.== Por exemplo, parei de chamar jogador para almoçar fora, mesmo que quisesse apenas comentar sobre o bom rendimento que ele vinha tendo.

==Relacionamentos, dentro de uma organização, são formados entre adultos. O esforço para se comunicar deve ser feito durante o trabalho.== No meu caso, mantenho, dentro do possível, a postura de conversar com todos nos treinamentos ou nas reuniões que fazemos, mas no clube ou na seleção, nunca em lugares públicos.

O motivo para não chamar um colega de profissão para sair é que preciso tratar todos da mesma forma. Se convido alguém, essa informação acaba chegando aos demais. Logo, boatos se espalham. Podem dizer que estou de olho naquele jogador ou falarem que me esforço mais para que fulano renda melhor, e não outros. Isso é negativo quando se constrói um trabalho em equipe.

A melhor forma de assumir o controle é conversar no ambiente de trabalho. É nele que captamos a alma dos jogadores, deixando clara a nossa verdadeira intenção.

Como agir diante de indisciplina

Difícil é controlar jogador em hotel, principalmente durante as viagens. O cara sabe que vai ficar fora de casa por um tempo e paga alguém para se hospedar, pelo mesmo período, no local.

Como gerir uma situação assim? Simples, não controlo ninguém. Meu controle é no treino, olho no olho, vendo como o jogador está. Se estiver treinando bem, correndo, correspondendo, se não atrasou e nem deixou de fazer nenhuma atividade, por que repreendê-lo?

Passei por um problema desse tipo no Japão. Depois de vencermos a Copa da Ásia, começaram as Eliminatórias para o Mundial da Alemanha. No nosso grupo, havia quatro países, mas somente o primeiro colocado se classificava. Íamos jogar contra Omã, que tinha um bom time e disputava a vaga diretamente conosco. Treinamos por semanas em Kashima. Após ganharmos da Malásia, meu capitão pediu um dia de folga para todos saírem. Arejar faz bem. Eles curtiram, voltaram, descansaram, depois vencemos Omã.

Tive de retornar ao Brasil após a partida. Estava em casa, no Rio de Janeiro, quando um jornalista me ligou:

"Você sabia que oito jogadores da sua seleção saíram para a noite, em Kashima, e quebraram um restaurante só porque ele ia fechar e os caras queriam ficar mais tempo lá?"

Liguei para o Suzuki, meu intérprete, que confirmou. A notícia tinha vazado no país. Um dos dirigentes sabia, mas tentou abafar o caso.

Tinha um jogador do Kashima e, também, o que fez o gol da vitória sobre Omã. Além deles, outros dois atletas do Antlers se envolveram na confusão. A maior parte nem era titular, mas refleti quanto a que decisão tomar e, resoluto, antecipei minha volta. Ao chegar, reuni a comissão técnica:

"Minha decisão é a seguinte: nenhum dos oito será convocado para o próximo jogo."

Um dirigente arregalou os olhos:

"Mas, Zico, foi um deles quem fez o gol..."

"Pode deixar, eu me responsabilizo. Mas não vou convocar nenhum deles, não."

Não admito que ajam dessa forma. Tínhamos acabado de chegar ao hotel, era folga e podiam me pedir para sair mais tarde, que os liberaria. Preferiram fazer isso sem a minha autorização e, pior, tiveram uma atitude imperdoável. Resolvi não os convocar. Alguns membros da comissão técnica acharam a decisão exagerada demais.

"Não adianta, eu não vou chamá-los! Não posso perder a autoridade perante o grupo. Quem cumpriu o determinado tem que ser tratado diferente. É assim que a gente dá o exemplo."

O que aconteceu depois? Jogamos contra Singapura sem aqueles oito. Foi complicado, admito, mas ganhamos de 2 × 1. Nossos gols foram marcados por atletas que vinham ficando na reserva.

Os oito pagaram pela indisciplina. Tempos depois, quem fez por merecer retornou à seleção. Cientes de que tinham errado e, principalmente, que se repetissem sofreriam nova punição, sem dúvida, bem mais severa. É desse jeito que o líder mantém a sua autoridade. Certamente, aqueles oito não tornariam a fazer aquela babaquice de novo.

Demonstre suas emoções

Entendo que tenho uma responsabilidade social por ser famoso e que as minhas palavras exercem forte influência em meu meio. Ainda assim, muitos me criticam por falar o que penso. Para essa gente, eu demonstro abertamente a minha ira ou insatisfação.

Há quem diga que sou arrogante por ter essa postura, mas nunca me preocupei se, agindo dessa ou daquela maneira, arranho ou não a minha imagem. Nunca tive receio de ver a minha popularidade cair. Mais me importa ser honesto comigo mesmo.

MAIS ME IMPORTA SER HONESTO COMIGO MESMO.

Assim que me tornei treinador, passei a orientar meus atletas mantendo com eles uma conduta natural. Não controlo as emoções. Mostro meu mau humor se vejo uma jogada ruim e chamo a atenção quando um erro é cometido, mas não guardo mágoas. Recebo com um sorriso sincero e sem arrependimentos a mesma pessoa que critiquei, caso faça, na jogada seguinte, um lance bacana. Assim as pessoas entendem quem é e como age o Zico.

Demorou para os japoneses compreenderem. No começo, quando, no vestiário, eu batia com força parecendo que ia quebrar o quadro branco no qual traçava estratégias às vésperas de um jogo, ou sempre que advertia um atleta em voz alta perante o grupo, os jogadores me ouviam quase se escondendo, encolhidos, como se tivessem cometido um delito. Entendi que era tão admirado por eles, por ter sido craque, que se envergonhavam por errarem diante de mim, ficando ainda mais tímidos.

Com o tempo, deixaram de ser assim. Passaram a me ouvir com calma. Estivesse eu excitado de tanta felicidade ou chateado ao extremo, respondiam-me com firmeza e segurança. A imagem do Zico inalcançável, que eles levavam dentro de si, estava sendo quebrada.

Diante deles, quem vinha exclamando ou chamando a atenção era o meu eu real, o ser humano, o Arthur.

Não escondo emoções porque, se não demonstro o que sinto, não dou minha opinião ou não entendo o que o outro pensa, acabo criando um abismo que, no fim, afetará o elenco. Por isso, quando vencemos um jogo, vibro intensamente no vestiário, mas nas derrotas manifesto a minha indignação com um olhar azedo.

Não tenho duas caras. Se gostam ou não do meu tom de voz quando grito, ou do meu rosto enfezado sempre que me revolto, problema da pessoa. Apenas expresso com sinceridade o que sinto. É dessa forma que demonstramos respeito pelo outro. Fingir sorriso é o mesmo que ofender alguém.

Cuidado com a carga de trabalho

Busco orientar meus jogadores em relação a lesões que eles possam vir a sofrer. Qualquer contusão complica o desempenho de um atleta de alta performance. Caso se machuquem, tento explicar o que devem fazer para se recuperar no menor tempo possível.

Operei diversas vezes os joelhos. Uma das cirurgias me afastou dos campos por quase um ano. Baseado nessa experiência, se for preciso, altero a forma de um ou outro atleta treinar. Ensinei para certos jogadores um tipo específico de treinamento que fortalece os músculos ao redor do joelho, algo que aprendi ainda jovem. Ao seguir a orientação que me foi dada, o meu parou de inflamar.

Costumo apontar o que fiz de correto na carreira e o que, de certa forma, deu errado. Passo a minha experiência não para me exibir ou impor algo, mas por entender que, se a informação beneficia alguém, essa pessoa passará a acreditar mais em mim. Dessa maneira construímos uma relação mútua de confiança.

Não me descuido quanto aos menores detalhes. Quando os treinos "chatos", tipo os de fundamentos básicos, são repetidos constantemente, entendo que os jogadores tendem a perder o estímulo. Nessas horas, invento algo para que retomem a motivação. Uma das formas é apresentar dados estatísticos. Explico que os dez primeiros e os últimos quinze minutos do jogo são os mais importantes, aqueles em que não podemos perder o foco. Quando entendem isso, os jogadores se entregam nas partidas, convencidos dos papéis que têm a cumprir.

Dados estatísticos podem não ser tudo. Mas é um material precioso e que revela tendências. Jamais devem ser menosprezados.

O líder precisa ser flexível

Sou bem avaliado por saber desenvolver um grupo. Como resultado direto, a organização fortalece. Quem não consegue controlar o time se desvaloriza, jamais terá vida longa na profissão.

Não posso ser impaciente com quem comando. Se não compreendesse que o trabalho para fazer alguém progredir leva tempo, acabaria me irritando com quem tem mais dificuldade para aprender. Esse jogador pode até me deixar de lado. Qualquer gesto de impaciência por parte do líder tende a passar um astral negativo para o grupo. O plantel perde a confiança, e o time enfraquece.

Se quem está comigo absorve o que passo e desenvolve com rapidez seu potencial, digo que tive sorte. Mas não posso contar sempre com o fator sorte. Na maior parte dos casos, meu trabalho consiste em exercitar a paciência e ser tolerante.

Minha capacidade de ensinar é testada sempre que aparece alguém insatisfeito. Se o isolo, mostro não ter capacidade para gerir o elenco. E ter um membro rebelde pode ruir a organização por dentro. Prefiro persuadir o descontente, conversando ou o incentivando.

MINHA CAPACIDADE DE ENSINAR É TESTADA SEMPRE QUE APARECE ALGUÉM INSATISFEITO.

Leva-se um tempo até que um resultado, uma meta ou o objetivo estipulado apareça. Por isso, não me precipito nem forço quem está comigo. Entendo que cada um é diferente, portanto demora mais ou menos tempo para chegar ao ponto.

Se preciso advertir um jogador, converso explicando o motivo, mas de igual forma o escuto. Caso esteja com razão, retiro a reclamação ou dialogo com ele pelo tempo que for. Se ainda assim não entender, calço as chuteiras e vou a campo mostrar o que quero. Dessa forma o convenço. Leva mais tempo, mas se percebo certo empenho por parte do jogador, olho com carinho e cuidado para ver se tal esforço está caminhando ou não na direção correta.

Quando ensino futebol a crianças, isso fica mais nítido. No Brasil ou no Japão, entre os meninos e meninas que participam das clínicas de futebol que ministro, há quem me obedece e quem não. Em relação a estas últimas, se eu for gentil ao explicar, elas acabam entendendo. É preciso paciência, mas depois que alguém se convence vai se esforçar ao máximo para realizar o que foi solicitado.

Com adultos, a mesma coisa. Preciso ter sensibilidade para captar quem está insatisfeito ou não foi convencido em relação ao que eu disse. Levo o tempo que for conversando, explico nos mínimos detalhes, até que acabe o descontentamento. Debato também com a comissão técnica, para chegarmos a um denominador comum.

Meu papel é puxar para mim os problemas do grupo e contribuir para a solução de cada um, visando manter o ambiente agradável. Se meus jogadores recebem com disciplina o que oriento, mesmo que venham a ser mais tarde treinados por outro técnico, lembrarão o que eu disse e saberão o que têm a fazer.

Sou forçado a ajustar minhas estratégias. O futebol é dinâmico, como qualquer área. É importante evoluir, adaptando-se às novas situações e realizando mudanças positivas. É preciso se aperfeiçoar, atualizar-se. Se algo que ensino não mais se adapta à realidade do esporte, estudo, pergunto, reflito, mas trato de corrigir. Um líder precisa ter essa flexibilidade.

DENTRO E FORA DE CAMPO

- O diálogo é a melhor estratégia para conquistar o respeito de uma equipe.
- Nem tudo deve ser encarado como indisciplina; se o trabalho é entregue, não há o que corrigir em relação ao comportamento.
- Um mau comportamento deve ser corrigido com a mesma intensidade que um bom comportamento é elogiado.

CAPÍTULO 14

Enfrentando o poder com autoridade

(Fenerbahçe – 2006/2008)

ASSIM QUE O JAPÃO FOI ELIMINADO DA COPA DO MUNDO, EM 2006, me transferi para o futebol turco. Tornei-me o terceiro técnico brasileiro a trabalhar no Fenerbahçe. Antes de mim, apenas Didi, nos anos 1970, e Carlos Alberto Parreira, nos anos 1990, dirigiram essa agremiação, uma das mais tradicionais do país.

Cheguei preparado para encarar um baita desafio. Mas não fazia ideia do que passaria junto ao presidente. Por sinal, o maior acionista do clube.

O contrato indecente que me fizeram

A pretensão do Fenerbahçe era trazer novamente o Parreira. Ele recusou, mas me indicou. Apresentei-me na Holanda, onde realizamos a pré-temporada, levando meu irmão Edu como auxiliar, e o preparador físico da seleção brasileira, Moraci Sant'Anna.

Quando assinei, impuseram uma cláusula esdrúxula. Eu teria de ser campeão nacional de qualquer jeito; caso contrário, rescindiriam o contrato. Era o centenário do clube e me levaram para ganhar esse título. Se perdêssemos, independentemente de o trabalho estar sendo ou não bem-feito, me demitiriam.

Sentir-se em casa no trabalho faz bem

Na Turquia, o fanatismo do torcedor, a paixão que o povo tem por futebol, é de causar espanto. Parece religião. O que a torcida faz no estádio, as rivalidades com Galatasaray e Beşiktaş, deixam no chinelo um Gre-Nal ou mesmo um Boca × River.

Meu time era recheado de brasileiros e estrangeiros que atuaram no Brasil. Fábio Luciano e Márcio Nobre tinham acabado de sair, mas o clube trouxe os zagueiros Edu Dracena e o uruguaio Diego Lugano. Já tínhamos o craque Alex, o artilheiro Deivid e o turco-brasileiro Mehmet Aurélio. Na temporada seguinte, chegaram o lateral-esquerdo Roberto Carlos, que havia deixado o Real Madrid, e o chileno Maldonado. Juntando com o pessoal da comissão técnica, muita gente falava ou entendia meu idioma.

Era incrível a identificação que os turcos tiveram com a nossa cultura. Quando fazíamos um gol, o sistema de som do estádio tocava "Aquarela do Brasil",[2] música de Ary Barroso.

Nosso intérprete, Samet Güzel, era um rapaz de 18 anos que tinha saído da Turquia para aprender português em Curitiba. Os dirigentes o achavam jovem demais para assumir a responsabilidade de trabalhar profissionalmente como tradutor de uma importante equipe europeia. Foi o meu primeiro desafio. Comprei essa briga, assumindo a responsabilidade e resguardando o garoto.

---

[2] AQUARELA do Brasil. Intérprete: Gal Costa. In: AQUARELA do Brasil. Rio de Janeiro: Polygram, 1980.

Passei a andar com ele para cima e para baixo. Nisso, Samet amadureceu rapidinho.

Se há dúvidas, demonstre praticando

Ao fim de um treino, o goleiro Volkan Demirel perguntou ao Alex:

"É verdade que o nosso técnico sabia cobrar faltas?"

Alex sorriu e me passou a bola. Resolvi responder na prática. Pedi que Volkan esperasse um pouco, até eu me aquecer. Tirei o tênis, calcei as chuteiras e bati umas quatro por cima da barreira, para esquentar. Sabe como é, carro velho demora até pegar!

Num dado momento, avisei que seria para valer. Bati umas dez a gol. A primeira morreu na gaveta, ele nem pulou. A segunda, mesma coisa, saco. A terceira beijou a trave. Demirel se assustou. Deu *migué* e sinalizou para o reserva substituí-lo.

"Ué", sacaneei, "você me chama para treinar e não pula em bola nenhuma, fica só olhando?"

"Poxa, mestre, não tá dando pra mim, não…"

"Vou acabar te tirando do time, hein!" Sorri.

Fiz esse preâmbulo para dizer que aquilo que a repetição nos ensina a gente não esquece jamais. Bater na bola, para mim, é que nem andar de bicicleta.

O grupo precisa confiar no líder

Como quem me contratou tanto queria, fui campeão nacional no centenário. E com duas rodadas de antecedência. Terminada a festa, dei quatro dias de folga para os jogadores. Ao saber, Aziz Yıldırım, o presidente do clube, ficou uma fera. De forma ditatorial, determinou que, em vez de quatro, seriam apenas dois dias sem treino.

Ora, como assim, alterar a programação que estabeleci? Descobri ao ver a tabela. A partida seguinte era o clássico contra o arquirrival Galatasaray, fora de casa. Avisei ao grupo:

"Mantenho os quatro dias de folga, mas a partir do terceiro, infelizmente, vocês vão ter que se reapresentar. O presidente quer assim, temos que acatar. Mas não vou dar treino, como prometi."

Dito e feito. Os atletas chegaram, entrei com eles em campo e batemos um *peladão*. O presidente chiou e me chamou de maluco. Eu já havia lhe passado que, como presidente, ele podia obrigar todo mundo a voltar antes, mas eu, como técnico, não daria treino algum:

"Senhor Aziz, sei que o senhor é o dono de tudo aqui. Então, se quer mesmo que eles voltem no terceiro dia, posso garantir, eles virão. Mas, da minha parte, antecipo, não vou treiná-los. Porque é uma questão de palavra e dei a minha a eles. Se quiser chamá-los, problema seu. Mas o que combinei com eles eu não vou mudar."

Mantive o que disse e ainda vencemos o Galatasaray por 2 × 1.

Choques de opinião são saudáveis

Não sou avesso a opinião contrária, escuto e pondero. Pode ser questão de ordem tática, escalação, não importa, estou sempre aberto a debates. Travei diversos confrontos ao longo da vida. Digo "confronto" quando opiniões se divergem. Acho isso ótimo, pois aprofundamos a ligação e reconhecemos nossas posições até chegarmos a um consenso.

Choques de opinião não surgem porque não gostamos de um ou outro jogador, treinador ou de alguma ação da diretoria. Ocorrem porque todos os envolvidos estão se esforçando ao máximo para fortalecer a equipe. Quanto mais intenso o choque, mais compenetrado o grupo. No entanto, é preciso que se mantenha o respeito. Afinal, visamos nos entender.

Digo isso porque ==uma organização não precisa ter somente um líder. Pode haver dois ou mais, desde que não causem confusão. Se houver unidade no pensamento e nos objetivos do grupo, não vejo problemas em ter mais de uma liderança na equipe. Líderes são aqueles que sabem expressar sua opinião e se confrontam com autonomia no campo das ideias. É saudável haver mais de um==.

Preparar o próximo líder é dever do líder

Tenho em mente que qualquer clube ou seleção seguirá normalmente o seu rumo sem a minha presença. Por isso, sempre busquei preparar o próximo líder, alguém que pudesse me suceder ou me representar dentro de campo. Deixar pronto um novo líder é também tarefa do líder.

Como técnico, procuro quem seja o meu porta-voz dentro das quatro linhas. Dessa forma, mesmo que eu saia um dia, o time continuará em boas mãos. O líder, no entanto, precisa transmitir confiança a quem está ao seu redor, o que não é tarefa fácil.

==O verdadeiro líder surge de forma natural no grupo. Nasce entre os próprios jogadores; ninguém o providencia.== Para exercer bem esse papel, a pessoa precisa ter muita paixão pelo que faz, além de espírito de desafio, para conduzir a equipe, e uma visão clara de tudo o que é necessário ser feito.

Busco, para essa função, um jogador-referência. Alguém que tenha consciência de que precisa ser um exemplo para os demais. É fundamental que mantenha uma postura exemplar, puxando os companheiros para o caminho do bem, do bom trabalho, seja ele o aprimoramento individual ou o melhor para o coletivo.

Esse exemplo não pode ser dado apenas nos jogos, mas durante os treinamentos e no dia a dia. Ele precisa saber conversar, entender os problemas de cada companheiro e lidar com os colegas com firmeza, mas também com independência e animação. Caso veja algo errado, há de alertar na hora. Para isso, deve ter autoanálise e declarar com propriedade o que acha justo ou o mais correto a ser feito.

Somente alguém assim tem capacidade para ser líder. Caso não se envolva de forma proativa, jamais conseguirá puxar um grupo. Como uma pessoa que fica o tempo todo quieta, apenas ouvindo o que o técnico fala, ganhará a confiança dos companheiros? ==O líder precisa ter opinião própria. E medo zero de se expor.==

Encontrei esse líder assim que cheguei ao Fenerbahçe. Por sinal, um dos melhores, senão o melhor jogador que treinei: Alex de Souza.

Por incrível que pareça, Alex só se tornou capitão do time comigo. Contratado em 2004, ao renovar, em 2007, entreguei-lhe a braçadeira. Na época, muita gente era reticente quanto às suas apresentações nas principais competições europeias. Diziam que, diante dos grandes clubes de outros países, ele não brilhava como em gramados turcos. Precisei trabalhar isso nele.

Conversamos sobre a sua importância para a equipe. Expliquei o que ele representava para o Fenerbahçe e para seus companheiros. Ele precisava se doar um pouquinho mais, não podia se limitar à indiscutível técnica. Tinha que assumir maiores responsabilidades, até por ser o carro-chefe do time.

Ao torná-lo capitão, Alex se agigantou na Turquia. Foi o melhor jogador que tive o prazer de dirigir, tanto no plano técnico quanto no mental e no intelectual. Uma coisa era vê-lo como espectador. Outra, estar no seu dia a dia, orientando-o e assistindo ao que fazia em campo. Ele sabia da sua capacidade, mas o incentivei a tomar atitudes que o elevaram de patamar no país. Acho que fui uma boa influência. Mostrei a relevância e o moral que tinha perante o grupo e expliquei o que dele esperávamos.

Alex sabia que era craque, mas não compreendia a importância da sua presença junto aos colegas e perante os torcedores. Ajudei-o a compreender a sua real dimensão no país. Hoje, ele é uma espécie de "deus" para o torcedor do Fenerbahçe.

A partir do momento em que se conscientizou do seu verdadeiro papel, como astro da equipe e, principalmente, como líder, sua idolatraria tornou-se quase messiânica no mundo turco.

É preciso encontrar essa figura dentro de uma equipe, fazer com que acredite em si mesma e passe a oferecer o seu melhor dentro e fora de campo. Um líder treina outro líder e, assim, transforma uma equipe boa numa equipe excelente. Esforce-se para encontrar essa pessoa dentro do seu time.

Como quebrar excessos de fanatismo

Ganhei destaque muito jovem. Ao desde cedo virar o centro das atenções, meus colegas passaram a manter certo distanciamento de mim. No Flamengo, ninguém se sentava ao meu lado no ônibus. Mesmo com o assento vago, deviam pensar:

Não sento ali porque o Zico está lá.

Ao perceber, tomei a iniciativa de me aproximar de cada colega. Sentava ao lado de quem quer que fosse e puxava conversa.

No Japão, meus jogadores por muito tempo cultivaram a imagem de que eu era um "deus do futebol". Isso me atrapalhava. Ninguém me abordava com intimidade. Procurei mostrar que era igual a eles. Aproximava-me dos mais tímidos e quebrava o encanto.

No Fenerbahçe, percebi que Alex, mesmo sendo um jogador fora de série, ficou meio aéreo ao me ver. Na biografia dele (*Alex, a biografia*), li um trecho em que sua esposa Daiane revela:

"Alex comentava com os outros jogadores que, com Zico, o clube mudaria a mentalidade. O time melhoraria, o ambiente se tornaria ainda mais legal. E ele nem conhecia o perfil do Zico como treinador, mas achou que tudo seria mais fácil tanto para ele quanto para o grupo. Alex estava nas nuvens. Quando viu Zico de perto, no primeiro treino, ficou mudo. Não tinha caído a ficha de que seria treinado por seu ídolo. Não admitia que o cara em quem se espelhou estava diante dele. Eu achava lindo isso, seus olhinhos chegavam a brilhar. Já os jogadores turcos não entendiam o porquê daquela comoção toda."

Na mesma obra, o próprio Alex complementava:

"Os turcos sabiam o que Zico fez, mas não o que representa para um brasileiro. Não tinham noção da idolatria que exerce sobre nós. Eu, por exemplo, demorei seis meses para entender que ele era o nosso treinador. Não conseguia visualizá-lo dessa forma. Vi o Zico camisa 10 do Flamengo, também da seleção, era coisa de idolatria mesmo. E o Zico, quem o conhece sabe, é o maior brincalhão, tira sarro com todo mundo. Assim, piorava o negócio. Eu não conseguia enxergá-lo como o novo treinador do meu time."

Eu sabia que era o ídolo dele. Meu receio era este: trabalhar com quem não me via como bom técnico, mas como um excelente ex-jogador. Um dos meus desafios era fazer me enxergarem como alguém que carregava um baita conhecimento. E não como um ex-atleta fora de série.

Esse lance de paixão atrapalha. Alex queria me dar certas sugestões, mas nada dizia porque diante dele estava o "Zico". Acabei com isso no Réveillon. Passei a virada de ano na sua casa, curtindo com outros brasileiros do time. Num dado momento, peguei uma de suas filhas no colo. Com esse gesto fraternal, ele finalmente se deu conta de que eu não era um ET, mas um ser humano que nem ele.

Passei por situação semelhante na Udinese. Um titular entrava em pânico sempre que se aproximava a hora do jogo. Sabe por quê? Porque ia jogar comigo! Jovem e inexperiente, Pradella vomitava e tinha desarranjos intestinais, chegando a chorar de nervoso, dependendo da importância da partida. Descontrolava-se quando errava um passe para mim. Para reverter isso, passei a frequentar a sua casa. Virando amigos fora de campo, consegui acalmá-lo.

Não misture problemas pessoais com profissionais

Graças ao forte grupo que montamos, após a conquista do campeonato turco, avançamos na Champions League. A temporada 2007/2008 que fizemos foi uma surpresa e tanto para a Europa, menos para mim. Aliás, para nenhum de nós.

Com moral, por ter sido campeão no centenário, pude colocar a equipe para jogar como eu queria. Alex, cada vez mais decisivo, enxergava os jogos como ninguém. Nem precisava falar muito, o cara sabia tudo. Dentro de campo. Fora, derrapou uma vez.

Durante um jogo, ele saiu de si e xingou o Deivid. Assim que a partida acabou, o atacante partiu para cima dele, foi tirar satisfação. Rolou um barraco no vestiário. Com sangue quente, Alex passou dos limites. Na frente de todos, revelou fatos que não precisávamos saber. Pegou pesado, até por serem confidências, situações confessadas na intimidade; afinal, eram amigos.

Alex podia ter contestado diante do grupo situações profissionais, mas não pessoais. Chamei a sua atenção por ter exposto o parceiro. A história vazou e viralizou na Turquia, constrangendo o Deivid.

Passado um tempo, ambos se resolveram. Levei-os à minha sala e contei uma situação parecida que vivi no Flamengo. Um companheiro de time era tão próximo que nossas esposas, ao se conhecerem, se deram bem. Todavia, quando brigaram, o problema delas respingou em nossa amizade, que estremeceu. Dentro de campo, porém, seguimos jogando o fino.

Quero dizer o seguinte: ==problemas pessoais não devem ser levados para o trabalho. Menos ainda expostos publicamente==.

Gerir um grupo tem altos e baixos

Durante a nossa brilhante participação na Champions, contra os russos do CSKA, jogo que poderia nos colocar na fase mata-mata, o zagueiro Edu Dracena marcou um gol contra. De forma acintosa, nosso goleiro abriu os braços para reclamar. Lugano se enfureceu. Concordo, jogar torcida contra jogador não se faz. Pelo menos, viramos o placar ainda no primeiro tempo.

Saímos para o intervalo com Lugano na bronca com Demirel. Um dos bate-bocas mais idiotas que vi na vida. Um xingava em espanhol, outro em turco. E meu irmão atrás dos dois, gritando em português para se acalmarem.

Estava na minha sala com Moraci quando o Samet, atônito, me avisou que a confusão prosseguia no vestiário. Quando entrei, vi Volkan de um lado e Lugano do outro, ambos com cara de poucos amigos. Dali a pouco entrou o Aziz, aos berros.

A intenção do presidente era a mesma que a nossa, pedir calma. Meu irmão, no entanto, explodiu. Gritou para o presidente *vazar* dali, que aquele problema era para eu resolver, não ele.

Edu encarou Aziz e vice-versa. Faltou pouco para saírem no braço. Puxei meu irmão, afastando-o. Nervoso, Edu falou para o presidente que o lugar dele era lá em cima, na tribuna, porque no vestiário quem mandava era eu. O presidente começou a berrar e gritei mais alto ainda, com os dois.

O clima ficou pesado não entre mim e o presidente, mas entre ele e Edu. Ajeitei as coisas, voltamos para o segundo tempo e ampliamos a vantagem. Com o resultado, nos classificamos para as oitavas de final, fato inédito na história do clube. O povo fez a festa nas ruas de Istambul, mas apenas nós sabíamos o que tínhamos passado nos bastidores.

Aziz fez aquela merda toda e, no dia seguinte, mandou meu irmão embora. Perdemos muito com isso, porque Edu treinava a parte defensiva e eu, do meio para a frente. Até pensei em sair, mas ponderei. Pelo grupo. Afinal, teríamos jogos pesados na sequência.

Eu tinha o meu contrato, e Edu, o dele. O presidente não queria mais vê-lo no clube, mas prometeu lhe pagar o combinado.

Meu irmão voltou para o Brasil e, no intervalo dos jogos, eu ligava para ele e ouvia o que tinha a dizer a respeito do que assistia pela TV. Seguimos trocando ideias assim.

Cumpra a sua palavra

A próxima tarefa foi encarar os bicampeões da Copa da Uefa. O Sevilla contava com um belo time: Daniel Alves, Jesús Navas, Luís Fabiano e companhia. Vencemos em casa e jogaríamos pelo empate na Espanha. Em Sevilha, de novo no intervalo, o presidente mandou um diretor ao vestiário me pedir que sacasse o Volkan, que tinha falhado em um gol.

"O quê?", virei para esse dirigente, com o sangue fervendo. "Manda ele vir pra cá, então. Me tirar do comando e dirigir o time. O senhor vai me desculpar, mas não vou fazer o que ele manda, não."

Ele percebeu que estava errado, mas teve outra ideia. Garantiu que, se passássemos para as quartas, nosso prêmio aumentaria. Ninguém pediu, ele ofereceu. Ninguém correu mais no segundo tempo por causa daquele dinheiro. Correu para passar de fase.

Eu tinha completado 55 anos na véspera, e meu presente foi aquela classificação histórica, nos pênaltis. Detalhe: o goleiro que ele quis que eu sacasse pegou três cobranças!

Horas depois, o time sofreu para atravessar Istambul. Uma multidão festejava nas ruas. Fizemos jus ao prêmio afiançado, mas o presidente avisou que nos pagaria após o jogo contra o Chelsea, válido pelas quartas de final.

O Fenerbahçe perdeu em Londres por dois gols de diferença e, como vencera em Istambul por 2 × 1, deixou o torneio antes das semifinais. Ao menos, Aziz, mais tarde, nos pagou a gratificação, sim.

Achei ótimo. Afinal, ==o mais importante em um homem é manter a palavra. Sem ela, a sua credibilidade escorre pelo ralo==.

Não transfira sua responsabilidade

Quando deixamos a Champions, ainda tínhamos condições de sermos bi na Liga Turca. Ganhávamos de 2 × 1 do Ankaraspor quando Alex sofreu um pênalti. Um colega que lutava pela artilharia lhe pediu que cobrasse. Alex autorizou, o turco deu um bico para fora e, na sequência, sofremos o empate. Nosso título foi para o espaço.

Só Alex sabe o que ouviu de mim naquele dia. Fiquei uma arara por ele ter deixado o camarada bater. Entregou a outra pessoa uma responsabilidade dele, por ser o cobrador oficial. Como disse, o líder precisa exercer a sua autoridade. Não pode se eximir de suas responsabilidades, muito menos bancar o bonzinho.

Quando meu contrato terminou, devido aos problemas com o Edu, preferi não o renovar. Anos depois, Alex falou para a imprensa: "Zico foi o melhor gerenciador de pessoas com quem convivi. Se fosse executivo de uma grande empresa faria muito sucesso. Poucos sabem administrar gente que nem ele. Até porque havia desgastes no grupo."[3]

---

[3] NEVES, Marcos Eduardo. **Alex, a biografia**. São Paulo: Planeta, 2015.

DENTRO E FORA DE CAMPO

- É saudável ter um pouco de competição. Com ela, aprendemos coisas que jamais esquecemos.

- Ouvir opiniões contrárias e ponderá-las é questão de tática. Esteja aberto a debates. Apenas quem se importa de verdade estará disposto a lutar pelo consenso.

- É bom quando há mais de uma pessoa ocupando a liderança, desde que haja unidade de pensamento e objetivos.

- Nada de medo de se expor. Um líder precisa se destacar e ter opinião própria.

- A pessoa com perfil de líder sempre se destaca. Por isso, tenha atenção para encontrá-la em sua equipe.

- Mantenha a sua palavra e não se exima de suas responsabilidades. São essas atitudes que te garantem credibilidade.

CAPÍTULO 15

Acumulando experiências e espalhando aprendizados

(Bunyodkor, CSKA, Olympiacos,
seleção do Iraque, Al-Gharafa e Goa – 2008/2017)

TAL QUAL NOS TEMPOS DE JOGADOR, COMO TÉCNICO, COnheci vários países. Vivenciei, portanto, diversos casos mundo afora. Revelo aqui algumas das situações pelas quais passei no Uzbequistão, Rússia, Grécia, Iraque, Catar e Índia. Lições que a vida me ensinou e que faço questão de compartilhar.

Vaidade é pecado capital

Assinei, na temporada 2008/2009, com o Bunyodkor, uma agremiação do Uzbequistão. Aceitei um convite do Rivaldo, que jogava lá, mas não fiquei nem cinco meses no país.

De início, assumiria a seleção, mas o presidente do Bunyodkor, um desses milionários que adoram futebol, principalmente o brasileiro, de tão apaixonado por mim desde que viu a seleção de 1982, quis que eu treinasse o seu clube.

Quando cheguei ao país, o time estava sete pontos atrás do líder, em segundo no campeonato. Crescemos de produção e faltou pouco para disputarmos o Mundial de Clubes. Não conseguimos por uma falha cometida pelo próprio dono do clube.

Ele mandou o técnico interino me pedir que colocasse na equipe um lateral-direito que, descobri depois, era zagueiro. Ao vê-lo, achei estranho, devido ao porte físico avantajado. Mas no jogo a que assisti, antes de assumir, ele estava mesmo na lateral. Acreditei.

Esse lateral, que era duro pra cacete, não deu conta do recado e entregou uma partida nossa na Austrália. O Adelaide meteu 3 × 0 na gente, pela semifinal da Copa da Ásia, em outubro de 2008. No jogo da volta, eu o troquei. Nosso lateral reserva tinha 35 anos, mas a equipe se acertou após sua entrada. Massacramos os australianos, houve pênalti não marcado a nosso favor, gol mal anulado e, no fim, ganhamos de 1 × 0.

A soma dos resultados credenciou o Adelaide para disputar a decisão da Copa da Ásia contra o Gamba Osaka, do Japão. O Gamba venceu, ficou com o título, mas, como o Mundial de Clubes seria no próprio Japão, e o Gamba havia sido também campeão japonês, abriu-se uma vaga para o vice-campeão da Ásia. Ou seja, o Adelaide tomou o nosso lugar.

Foi por pouco. Culpa do presidente, que achou que aquele beque podia jogar na lateral. E falha minha, assumo, por não conseguir avaliá-lo em tempo hábil.

Esse presidente tinha a mania de me premiar com envelopes de dez mil dólares, em dinheiro vivo, após os jogos. Pedi a ele:

"Não precisa me dar esse dinheiro todo, não. Deposita junto com o meu salário, fica melhor pra mim."

No dia seguinte à nossa eliminação na Copa da Ásia, ao vir me entregar o envelope, não admiti:

"O senhor vai me desculpar, mas não posso aceitar. Perdemos o jogo."

Na verdade, vencemos, mas fomos eliminados. Na minha cabeça, não tem essa de ser premiado por ganhar jogo com sabor de derrota.

"Olha, Zico, quero te pedir desculpas. Pedi ao nosso ex-treinador que te dissesse que aquele zagueiro era lateral. Não devia ter falado nada, sei que isso comprometeu o seu trabalho no jogo de ida."

"Presidente, agora não adianta. Merdas cagadas não voltam ao cu."

O problema desses donos de clube é querer opinar, mostrar que entendem de futebol. Certa vez, ele pegou meu cartão de credenciamento da Copa Asiática e perguntou se podia ficar ao meu lado, no banco.

"Pode, sente onde o senhor quiser. Só não venha me perturbar."

Ele queria parecer parte integrante da comissão técnica. Vaidade pura.

Como ajustar um deslumbrado

Em 2009, tive uma breve passagem pelo CSKA, de Moscou. Na capital russa, precisei enfrentar um episódio de insubordinação.

Havia um jovem, Alan Dzagoev, com quem o brasileiro Vágner Love adorava jogar. O menino entrava de vez em quando, mas comigo virou titular. Iniciávamos a temporada e, como Daniel Carvalho estava machucado, ao reparar o empenho do garoto, coloquei-o entre os onze.

Ele e Love compuseram um bom ataque. Estreamos na Copa da Uefa enfrentando o Aston Villa, no campo deles. Treinamos por dez dias na Inglaterra com Yuri no time. Empatamos em 1 × 1, e partiu do menino o passe para o Love marcar.

O rapaz seguiu na equipe jogando bem. Meu irmão Edu o pegava para fazer certos tipos de treinamento; noutras vezes, ele chamava o Edu para treinar além do tempo. Não deu outra: de revelação acabou se tornando titular absoluto. Ainda foi convocado para a seleção russa.

Certo dia, nosso presidente me abriu os olhos:

"Zico, cuidado com o Dzagoev. Ele anda fazendo besteira nas noites."

Havia tempos vinha notando sua queda de produção nos jogos e treinamentos. Fiquei esperto.

Decidimos a Supercopa da Rússia contra o Rubin Kazan, time melhor do que o nosso. Durante a semana, o fisioterapeuta avisou que Daniel Carvalho podia voltar. Como Dzagoev tinha caído de rendimento, optei por colocá-lo no banco. Com Daniel no ataque, ganhamos de 2 × 1, levantando a taça.

Naquela semana, apesar de ter sido sacado, Dzagoev nem veio falar comigo. Avisei ao presidente que o devolveria aos aspirantes. Ao saber, o rapaz novamente sequer tocou no assunto comigo. Nos aspirantes, após fazer três gols sobre um adversário de bom nível, finalmente me procurou:

"Zico, quero muito falar com o senhor."

"Sobre o quê?"

"Queria saber por que saí do time principal."

Virei bicho:

"Vem cá, por acaso você veio falar comigo quando eu te coloquei?"

Ele se calou. Continuei:

"Sabe quantas vezes fui falar com treinador sobre o porquê de ter me sacado da equipe?"

Ele chutou:

"Umas cinco ou seis vezes."

"Não, nunca! Porque não era o meu papel. Meu dever era treinar, me preparar física e tecnicamente para, quando o técnico me quisesse, estar no melhor das minhas condições."

Resignado, ele baixou a cabeça, sem graça. Prossegui:

"Se não pergunto por que me botou, não vou questionar por que me tirou. Era direito dele, agora é meu. Se um dia eu perder esse direito, pode estar certo, não estarei mais aqui como treinador."

Dzagoev ficou mudo. Pediu desculpas, refletiu e voltou a treinar forte. Parou de se desgastar nas noites e retornou ao time principal. No fim das contas, disputou duas Copas do Mundo, de 2014 e de 2018.

Ele aprendeu. Já o presidente do clube, não. Disseram que ele era o braço direito do Roman Abramovich, ex-dono do Chelsea. O problema desses milionários, ou bilionários, sei lá, é que eles acham que podem tudo. Acabamos tendo um problema.

Após vencer a Supercopa, ganhamos a Copa da Rússia. Ao fim da festa no vestiário, feliz, caminhei até o ônibus. Não sabia, mas o presidente ficou chateado por eu não o ter cumprimentado.

"Por que o senhor acha que eu deveria falar contigo? Ora, a gente venceu! Fizemos o nosso trabalho, qual o problema, então?"

Ele ficou puto.

Uma das cláusulas do meu contrato estipulava que, se em algum momento do Campeonato Russo o CSKA ficasse em quarto lugar, eu poderia ser demitido. Além do nosso time, quem briga por títulos no país são Rubin Kazan, Zenit e Spartak. Bastou perdermos a terceira colocação para o cara me mandar embora. Ainda chegou para mim, com ar de superior:

"Você não vai deixar de receber nada, Zico. Eu sou rico."

"Foda-se que o senhor é rico. Quero receber o que está no contrato, nem mais, nem menos."

É a questão da vaidade. Eles sabem quem sou, conhecem minha história no futebol, mas, ao me contratar, não fazem ideia do meu trabalho como treinador. Não entendem a forma como penso o futebol, desconhecem meus métodos, enfim, me contratam pelo nome, sem maiores avaliações. E, por pagar, acham que são donos da gente. Há quem acate, por medo ou covardia. Eu, nunca.

Cansei de ouvi-lo falar coisas do tipo:

"Zico, você tem que botar fulano na equipe."

"O senhor me contratou pra quê?", rebati. "Me paga uma grana preta pra quê? Pra dizer o que tenho que fazer? Faz o seguinte, então, fica aqui no meu lugar. Vem aturar os jogadores a semana inteira!"

Muita gente vai para esses países por dinheiro, aceitando qualquer interferência. Se acham certo, problema deles. Comigo nem adianta tentar se intrometer. Afasto na hora.

Quando tentam te dar rasteira

No Olympiacos, da Grécia, em 2009, quem puxou meu tapete foi o treinador de goleiros. O titular do gol acatava tudo o que ele pedia. Eu o chamava para treinar comigo e o cara, lá de longe, impedia:

"Não, Zico, deixa ele aqui comigo. Gosto de treiná-lo sozinho."

"Sozinho é o cacete! Goleiro é parte do time, tem que treinar conosco. Precisa comandar a defesa, orientar os beques, ver o posicionamento da zaga. Treinamento de goleiro é uma coisa, mas nos coletivos quero ele aqui com a gente."

"Quem vai decidir quem vai jogar no gol sou eu, Zico, não você", o camarada teve a pachorra de me dizer.

O tal goleiro tinha sido ídolo do Panathinaikos, era rodado, experiente. Depois que compreendeu a minha metodologia, passou a treinar com o time, sem reclamar. Certas vezes pedia:

"Posso treinar um pouco à parte, com o treinador de goleiros?"

"Pode. Mas, se precisar, eu te chamo."

Sei que goleiro tem seus treinamentos específicos, mas durante os coletivos precisa estar com o time. Sabe o filme *Dormindo com o inimigo*?[4] Não imaginava, mas foi ele, ou melhor, foram eles que me queimaram no clube.

---

4 DORMINDO com o inimigo. Direção: Joseph Ruben. EUA: 20th Century Fox, 1991. 97 min.

Fui demitido depois que esse goleiro tomou um frangaço em casa. O jogo estava 1 × 1, houve uma falta perto da área, o adversário bateu, ele teve tudo para encaixar, mas deixou escapulir para dentro. A gente que é cobra criada sabe quando a falha é proposital. Ninguém me engana fácil, não.

Retornando de viagem, após um jogo que empatamos em 0 × 0, um brasileiro que falava grego me avisou ter visto na página oficial do clube que eu não era mais o treinador.

"Tudo bem, mas até agora ninguém me comunicou nada."

Um dirigente que falava italiano me ligou pedindo para eu comparecer à sede naquela noite. No contrato, uma cláusula indicava que, caso me demitissem sem justa causa, o Olympiacos teria de me indenizar em US$ 1 milhão, valor da multa rescisória.

Pedi a um amigo brasileiro que fosse comigo. Se precisasse, o chamaria, convidando-o a entrar na sala. Falo italiano, mas podiam cochichar algo em grego para eu nada compreender.

Entrei no gabinete, e o diretor me informou que o clube não estava satisfeito com o meu trabalho. Ele me liberou para procurar outros clubes. Até aí, tudo bem. O problema foi ter ido além:

"E tem outra coisa, Zico. Esquece aquilo que está no contrato, a gente não vai cumprir, não…"

"Ah, é? Ok, então. Só quero uma carta de demissão, para oficializar a minha saída."

Falaram que não me dariam.

"Não vão dar? Bem, amanhã, às três da tarde, os jogadores se reapresentam. Se não me chegar nenhuma carta de demissão, estarei normalmente aqui para treinar o time, como sempre faço."

Por volta de meio-dia, um oficial de justiça apareceu na porta da minha casa com a carta de demissão. Foi a única vez que fui demitido por um oficial de justiça! Eu tinha três dias para sair da Grécia, já estava com as passagens compradas para voltar ao Brasil e, como não havia muita coisa para levar, chamei meu colega para me ajudar a empacotar o que faltava, no domingo e na segunda-feira. Na terça-feira um dirigente grego apareceu:

"Você não precisa ter tanta pressa para sair, não..."

"O quê? Quero me mandar logo daqui! Vou embora amanhã e pode avisar ao teu presidente que a gente se vê em Zurique, na FIFA."

Realmente, fui à FIFA com esse caso. Todavia, nesse ínterim, o presidente foi preso. Antes de ir em cana, esperto, vendeu o clube.

Sabe qual o primeiro ato do novo presidente? Telefonou me avisando que pagaria tudo o que Olympiacos devia. Quitou de uma vez. Pagou, na verdade, um pouco menos, mas porque fizemos um acordo de cavalheiros.

Saí satisfeitíssimo.

Quando a gente é experiente, sabe os percalços que pode encontrar pelo caminho. Por isso se resguarde nesses casos de injustiça. Sempre vai ter alguém disposto a puxar o seu tapete. Esteja atento, porque pode vir de alguém que você menos espera também.

Religião não pode afetar o profissionalismo

Um grupo tem que se fechar, independentemente da religião de cada membro. Outra coisa, ninguém tem que tentar converter os colegas. Se alguém quer servir a Deus, a Alá, Buda, Maomé ou a quem quer que seja, tem que ser por escolha própria. Não há nada pior do que gente enchendo o saco querendo convencer o outro em relação à religião. Corto logo:

"Fique com a sua crença aí, mas não vem tentar convencer ninguém aqui, não."

Até porque tem muita gente que prega uma coisa e faz outra, bem diferente, por trás. Não estamos lidando com crianças, nem com moleques. Se um dia eu quiser mudar de religião, será por livre e espontânea vontade, não por pressão de ninguém.

Como treinador, tive um problema desse tipo. Precisei tomar uma atitude drástica quando dirigi a seleção do Iraque, em 2011.

Por lá havia xiitas e sunitas, que nos treinos se pegavam feio nas divididas. Certa vez, dois atletas brigaram. Determinei o seguinte:

"A partir de hoje, se algum jogador meu entrar no outro dessa forma novamente, pode arrumar as coisas e cair fora daqui!"

Não importa se é titular, se é bom, se é craque ou se é o filho do presidente. Foi a única vez que chutei o balde em relação a isso. Dali em diante, os servos das duas religiões se acalmaram nos treinos. Nunca mais houve atritos. Dentro do campo, todos sempre estiveram juntos. Duelos, apenas esportivamente, contra os adversários.

Sem ambiente, tudo complica

Quando fui contratado pelo Iraque, a intenção era classificar a seleção para a Copa do Mundo de 2014, no Brasil. Logo no primeiro jogo das Eliminatórias, em Erbil, deu-se a maior confusão. Nossa torcida se comportou mal, os jogadores brigaram em campo, houve dificuldades de acesso para se chegar ao estádio e, com razão, a FIFA nos impediu de voltar a jogar em casa. Até porque os adversários ficaram com medo, não queriam viajar para lá nem a pau.

O Iraque não tinha estrutura para jogar Eliminatórias. Nem campos de treinamento havia. Após a proibição da FIFA, passamos a treinar e a jogar no Catar. O problema é que não tínhamos torcida lá. Nos Emirados Árabes, há muitos iraquianos. No Catar, nenhum.

Bom, se a FIFA mandou, acatamos. Fomos para Doha e treinamos forte. A estrutura era melhor, mas nos jogos o público beirava zero. Disputamos uma partida decisiva contra a Austrália sem ninguém no estádio. Parecia portões fechados.

O pior não foi isso. Pouco antes das Eliminatórias, tínhamos um amistoso agendado. Aceitei dirigir a seleção, mas ainda não tinha ido ao Iraque. Não fazia ideia de quem comandaria, muito menos quem eram os melhores jogadores do país. Dei sorte de conhecer um treinador de goleiros que tinha uma boa visão de futebol. Ele me mandava vídeos para eu visualizar determinados atletas:

"Podemos levar esse aqui e testá-lo."

Eu chamava, a gente avaliava e, como assisti a alguns jogos antes de embarcar para Bagdá, optei por ver certos atletas mais de perto. Seis jogadores que convoquei chegariam a enfrentar a seleção brasileira, de Neymar, na fase de grupo das Olimpíadas do Rio, empatando com o futuro campeão dos Jogos.

Voltando à seleção do Iraque, quando fomos encarar o Egito, em vez de nos colocar em um hotel, os dirigentes nos hospedaram numa espécie de cooperativa. A comida era servida no bandejão. Bom, se aqui o negócio é assim, sigamos em frente.

Certa noite, os dirigentes me chamaram para jantar. Para minha surpresa, estavam hospedados num maravilhoso cinco estrelas. Por sinal, o mesmo onde a seleção olímpica do Egito, que nos enfrentaria, se concentrava. Não me contive:

"Vem cá", chamei um empresário que fazia parte da comitiva. "Por que viemos fazer um amistoso aqui, contra o Egito, que é um time olímpico, e nós, que vamos disputar uma vaga na Copa do Mundo, em vez de ficarmos hospedados da mesma forma que eles, fomos *desovados* numa cooperativa?"

"Ah, Zico, o presidente da federação decidiu."

Engoli em seco.

Passou-se um tempo, e viajei com a seleção iraquiana para o Catar. Ao chegar ao hotel, encontrei dois desconhecidos vestindo o uniforme. Questionei o chefe da delegação:

"Quem são aqueles ali?"

"Jogadores da nossa seleção, Zico."

"Da nossa? Quem?"

"Fulano e beltrano."

"Mas quem os convocou?"

"O presidente. Ele os trouxe."

Perguntei ao roupeiro quem deu ordens para entregar o uniforme àqueles caras. Ele tentou enrolar. Pedi ao intérprete:

"Chama aqueles dois aqui, faz favor."

Um deles veio de outro país, jogava fora. Falei:

"Olha, gente, é o seguinte. Não tenho nada contra vocês, na verdade nem os conheço, nunca vi vocês jogarem e, por isso, infelizmente, vocês não vão fazer parte da seleção. Vocês não foram convocados, portanto podem pedir a passagem de volta e retornar a suas casas ou a seus clubes."

Alguns dirigentes tentaram discutir comigo. Mantive a posição:

"Não dá, gente. Vivemos em um mundo cheio de informações. Por que, em vez de convocar no grito, vocês não vieram falar comigo antes? Não vou perder a minha autoridade, não."

Podiam me ligar para dizer que certos jogadores de destaque atuavam fora. Teria prazer em vê-los, quem sabe os convocaria. Mas, não, dois empresários pediram ao presidente da federação para inserir seus atletas no meu time. Não aceito.

Mandei-os embora, e ninguém apareceu para reclamar. Soube depois que o comitê olímpico gastava o dinheiro necessário para dar as melhores condições a seu grupo, ao passo que o presidente da federação nos tratava sem esmero. Mesmo com a gente em meio a uma disputa para a Copa do Mundo.

Em Erbil, no Iraque, fomos almoçar após um treino. Havia oito jogadores na mesa.

"Cadê os outros?", indaguei.

Estavam no Ramadã. Nessa data, segundo o calendário islâmico, por ser um período sagrado, marcado por jejuns e obras de caridade, muçulmanos não podem se alimentar. Tudo bem, deixei passar.

Moraci Sant'Anna tinha um treinamento de intensidade para fazer com o grupo. O que aconteceu? No meio do segundo treino os jogadores que não almoçaram passaram mal. Separei os que se alimentaram direito dos que não e mandei estes últimos descansarem, para treinar à noite.

Iniciei com quem havia se alimentado bem. Fiz cruzamentos para os atacantes finalizarem. Aqueles que não comeram direito ficaram sentados, observando. De repente, um se levantou:

"*Coach*, posso treinar junto?"

"Pode sim, vem cá!"

No final, todos fizeram o treino. Treinamos duro, sem ninguém reclamar. Não me contive:

"Vocês pensam que me enganam? Sabe quantos anos tenho de futebol? Para jogar bola, a fome não atrapalha, mas para fazer trabalhos físicos não dá, estão famintos. É isso mesmo?"

Sem graça, começaram a rir.

Esteja atento quando isso acontecer na sua equipe. Ela pode até conseguir te engambelar, mas deixe claro que você entendeu que foi o caso e preferiu relevar.

Erros de planejamento colocam tudo a perder

Quando cheguei ao Iraque, faltava uma semana para as Eliminatórias. Os japoneses já estavam classificados e brigávamos diretamente com a Austrália pela outra vaga. Nisso, o presidente da federação aprontou de novo.

Se havia alguma vantagem para nós em jogar no Catar era o calor. Hoje, o mundo sabe, tanto que a Copa de 2022 foi disputada no fim do ano. Nossos adversários nos encararem no meio do deserto seria um trunfo, pois jogávamos e treinávamos lá todos os dias. Estávamos adaptados, passamos dez dias em Doha nos aclimatando.

Num dado momento, soube que nosso time viajaria para fazer um amistoso em Malmö, na Suécia, contra a seleção brasileira. Ou seja, depois de vários dias quentes, jogaríamos no frio.

"Porra", me revoltei, "a gente vai jogar contra a Austrália aqui, nesse calor infernal. Me explica, pra que ir pro gelo justamente agora?"

Fizemos a viagem, que foi desgastante, encaramos um frio glacial e levamos de seis do Brasil, placar que baixou a nossa estima. Voltamos para o Catar e enfrentamos a Austrália. No segundo tempo, nossos atletas não suportaram o sol de rachar. Após saltarmos na frente, tomamos a virada e perdemos de 2 × 1.

Havia uma cláusula em meu contrato que dizia que, se me devessem quatro meses, eu poderia sair sem pagar multa. O que faziam? Deixavam a data-limite se aproximar e quitavam um dos meses. Adiavam, mas não deixavam haver quebra de contrato.

Ganhamos a partida da volta contra a Jordânia e ficamos em segundo lugar na classificação. Nessa data completaram-se exatos quatro meses que não me pagavam. Deram mole. No dia seguinte, avisei que estava de saída. Reuni o grupo e me despedi de cada jogador. Entreguei uma carta na federação e voltei para o Brasil, após um ano e meio vivendo entre o Iraque e o Catar.

Aqui se faz, aqui se paga. Ou melhor, se aqui não pagam, aqui não faço. No fim das contas, eu só queria receber o que me deviam, que foi o que aconteceu. Recebi os quatro meses que ficaram sem me pagar, e não pedi um centavo a mais.

Nunca se faça de bobo

Profissional de futebol joga para a torcida ou para o patrão, aquele que paga? Não tenho dúvidas de que tem que jogar para o patrão. Contudo, torcida também é patrão. Sem ela, dificilmente um clube sobrevive. A não ser clube-empresa.

É ela quem banca, portanto é mais patrão do que muitos dirigentes ou presidentes de clube. Quando dirigi o Al-Gharafa, do Catar, em 2013, como o clube não tinha torcida, jogávamos para o patrão. No caso, o sheik, dono do clube.

Comandei por lá um brasileiro, Nenê, meia que fez sucesso no futebol paulista, carioca e até na França. Ele era extremamente profissional. Treinava bastante, mas se exaltava com qualquer coisa. Brigava com a bola, com o campo, com a iluminação, com o banco adversário, com o técnico, preparador, companheiros, todo mundo.

"Para com isso, Nenê! Apenas jogue! Você tem bola como poucos, mas vive se preocupando com mil coisas à sua volta, esquece isso!"

Sua cabeça não estava boa. Ele tinha sido contratado como o jogador mais caro da história do Al-Gharafa e só deixou o Paris Saint-Germain porque o sheik prometeu novos estrangeiros para fortalecer a equipe. O cara gastou uma grana preta por ele, mas, logo na estreia, Nenê levou uma expulsão que, pelas regras do país, o afastou dos gramados por nove partidas.

Quando cheguei, ele ainda cumpria a pena. Talvez por isso se destemperasse tanto, até em treinamentos de dois toques.

"Calma, Nenê! Você, com a vida que tem aqui, vê se relaxa mais!"

Ele estava sob forte estresse por causa da suspensão e pelo fato de o sheik estar sempre perto, doido para vê-lo brilhar. Esse é um caso específico de jogador que precisa jogar mais para o patrão do que para a torcida. Até porque o dono do clube investiu pesado para tê-lo.

Vivi várias situações em Doha. Certa vez, um jogador me ligou dizendo que estava preso no engarrafamento. Mandou foto e tudo, para dizer que não chegaria na hora do treino.

"Ok, você me avisou e eu entendi. Pode dar meia-volta e vá para casa, mas retorne amanhã."

Outro me disse ser universitário. Por estudar de manhã, não podia treinar cedo. Tinham me informado, porém, que, na verdade, ele era o "rei da noite". Ou seja, não conseguiria treinar como os outros por chegar virado, sem ter dormido.

Fiquei oito meses no Al-Gharafa. Nesse período, um dos grandes problemas que enfrentei foi, de novo, a questão da religião. O treino parava para os jogadores orarem. Detalhe, são cinco rezas ao dia.

Um desses horários era no intervalo dos jogos, às três da tarde. Mudaram a hora das partidas, que passaram a começar às duas, para que os jogadores pudessem rezar no intervalo. Contudo, no primeiro jogo a oração demorou mais de dez minutos. Quando voltaram ao vestiário, em vez de orientá-los, falei o seguinte:

"Acabaram de rezar? Podem, então, voltar a campo."

O capitão ficou surpreso:

"Ué, nenhuma orientação pro segundo tempo? Você não vai dizer nada pra gente?"

"Eu? De jeito nenhum! Vocês não conversaram com Alá? Então, voltem pro campo e joguem!"

Após esse dia, passaram a rezar por não mais que dois minutos, voando em seguida para me escutar. Esses caras acham que sou trouxa. Tentam me enganar, mas tenho bagagem!

Quando parece uma coisa e é outra

Em meu último trabalho como técnico, dirigi o Goa, da Índia, em 2016. Os times contavam com astros famosos no elenco. Roberto Carlos, por exemplo, era jogador e técnico, como fui no Japão.

Nosso time contava com uma estrutura bacana, havia bons campos de treinamento e os times se hospedavam em hotéis cinco estrelas. Terrível era ver edifícios luxuosos cercados por favelas miseráveis. O povo indiano é humilde e pobre, muito pobre mesmo.

Sempre que chegávamos ao estádio, um segurança da Liga recolhia os celulares das duas delegações e os devolvia ao sairmos, terminado o jogo. Não compreendia o porquê, mas nunca reclamei. Particularmente, acho horrível quando um grupo se reúne e todo mundo fica no celular. Ninguém conversa mais. Eu os deixava usar, mas até o momento da preleção, que costumava fazer três ou quatro horas antes do jogo. A partir de então, pedia para desligá-los e focar a partida.

Pode acontecer de alguém ligar para dizer abobrinhas, pedir vídeo para um amigo, e essas coisas quebram a concentração, tirando parte do compromisso que os atletas têm com o jogo em si. No entanto, os seguranças recolhiam os celulares por outro motivo. Havia no país um negócio forte de apostas, e a Liga tinha receio de que aprontassem, fizessem armações. Alguns podiam se vender nos jogos, coisas nesse sentido.

Já que estamos falando de gente que se vende, a questão de "mala branca" sempre aconteceu no futebol. Pagam para você se esforçar mais e vencer determinado adversário. Mas "mala preta", que é oferecer dinheiro para um time perder, é inadmissível. Nunca me ofereceram, até por saberem quem sou, como ajo ou posso vir a reagir.

Questões como essa vieram à tona nos anos 1980, quando explodiu, no Brasil, a máfia da loteria esportiva, só que voltou agora, mais forte ainda, devido aos sites de apostas.

Teve um caso em que, dizem, certo jogador tinha a mania de, antes de começar o jogo, levantar a camisa e amarrar o calção. Decidiram apostar se faria o mesmo na próxima partida. Ou seja, ganharam dinheiro em cima do cara, sem ele saber.

Agora, vai que apostaram que não faria e combinaram com o próprio. Bastou não agir daquela forma uma única vez e todos juntos, inclusive o jogador, quebrariam a banca!

Causos do futebol...

Sair de cabeça erguida

Quando saíram os dirigentes que me levaram ao Goa, vi chegarem outros que mudaram por completo a filosofia de gestão. O novo supervisor demitia e fazia contratações a esmo, trazendo peças que não solicitei sem me avisar ou perguntar se as queria. ==Quando entendi que estava perdendo a autoridade, ou seja, não era mais o líder, assim que o contrato encerrou, pulei fora:==

"Perdão, mas não tenho interesse em renovar, não."

Voltei para o Brasil sem me desgastar com ninguém. "Cada macaco no seu galho", não é mesmo? Como diz outro ditado, "os incomodados que se mudem".

Foi o que fiz. Saí, mas de cabeça erguida.

DENTRO E FORA DE CAMPO

- Ouvir opiniões e receber ordens faz parte do trabalho, mas saiba firmar sua posição e fazer escolhas conscientes.
- Vai ter muita gente querendo puxar o seu tapete. Seja vigilante.
- Prepare-se para estar sempre no seu melhor quando for chamado ao dever. Assim, conseguirá alcançar resultados impressionantes.
- Não é porque pagam que você deve fazer tudo o que querem sem sequer questionar. Pese seus valores e imponha limites.
- Adversários não são aqueles que estão na mesma equipe que você. Competição é saudável, mas inimizade com colegas de equipe deve ser evitada.
- Você joga para o patrão, mas também para o torcedor, que no caso são os seus clientes. Sem eles, dificilmente qualquer negócio sobrevive.
- Líder que perde autoridade perde valor. Se isso acontecer com você, recalcule a rota. Se for o caso, pule fora.

CAPÍTULO 16

Líder é sempre líder, não importa a idade

(Kashima Antlers – 2018/2023)

QUEM CHEFIA UM SETOR NUNCA CONSEGUE PRESTAR A DEvida atenção a todas as áreas. O técnico, por exemplo, necessita, no mínimo, de um treinador de goleiros, um preparador físico, um auxiliar e um departamento médico ao seu dispor. É preciso delegar funções. Para isso, há de contar com pessoas de confiança e capazes. E, na medida do possível, gente amiga, que não dê rasteira pelas costas.

Em primeiro lugar, está a capacidade do profissional, o que nem sempre acontece. Muitas vezes preferem se cercar de amigos a gente capaz. Numa seleção, por exemplo, não acho justo levar o amigo para a comissão técnica. Deve ser alguém comprovadamente competente. Seleção é para os melhores. Não apenas dentro, mas fora de campo também.

Saber delegar é uma arte

Delegar tarefas é uma arte, uma forma de liderança diferente da que tem o capitão do time. O capitão não precisa delegar nada, ao passo que a função do técnico é parecida com a do presidente do clube ou de uma federação. O treinador delega o tempo inteiro, mantendo a sua filosofia de trabalho e, de preferência, sem interferências.

É como uma escola de futebol. Na minha, a Escola de Futebol Zico 10, tenho a minha própria metodologia. Quem eu contrato a segue, cada qual dentro da sua capacidade e fazendo o que estipulamos, para que juntos alcancemos os objetivos.

Como diretor-técnico do Kashima Antlers, função que assumi dois anos após deixar a Índia, cabia a mim cumprir minhas obrigações e fazer o necessário para que tudo que dissesse respeito ao time desse certo. Para isso, precisei de total autonomia.

O líder é uma peça da engrenagem

Atualmente, como conselheiro do Antlers, alerto o que pode ser melhor para o clube no marketing, na infraestrutura ou em relação à organização do futebol. Mas não em termos de gerência. Escolher comissão técnica não é mais função minha. Se me consultarem, ajudo, mas sem cobranças.

Devido à pandemia do coronavírus, a covid-19, entre 2020 e 2022 fiquei mais tempo no Brasil do que no Japão. Já não estava satisfeito com os rumos do clube. Tomavam decisões que não faziam sentido para mim. Optei por não permanecer na função de diretor. Ora, se o treinador escolhido quer mandar em tudo, o que vou fazer no clube?

Não gosto de ficar ganhando dinheiro dos outros sem fazer nada. Preferi virar consultor. Não dava para, do Brasil, ficar resolvendo problemas via internet. Há certas situações em que é necessário estar presencialmente, para entender o que está acontecendo, fazer um "cara a cara" com o dirigente, com a imprensa ou com os patrocinadores, assim como Assim como para dizer o que deve ou não ser feito para melhorar ou de que forma posso ou vou cooperar.

Em 2018, viajei para o Japão duas vezes. Não era para ser assim. Queriam que eu fosse para lá no começo de 2019 e ficasse até a mudança do patrocinador-máster. Contudo, o time estava mal. Pela primeira vez, brigava contra o rebaixamento. Pediram para eu assumir como diretor-técnico.

Minha primeira função foi contratar Serginho, ex-Santos, que defendia o América Mineiro. Eu o tinha visto durante a despedida do goleiro Júlio César do Flamengo, em 2018, no Maracanã. Ele foi bem naquele jogo e acabou fazendo o maior sucesso no Japão. Com ele no time, encorpamos. Ficamos em terceiro lugar na J.League e ganhamos a Copa da Ásia naquele mesmo ano de 2018.

Empresários: mal necessário?

Vejo muitos empresários dando volta em jogador. Alguns querem ser mais importantes do que o próprio atleta. Às vezes, quando há alguém negociando, sobra até para quem não tem nada a ver com a história. Não à toa, jogador hoje em dia muda de clube que nem troca de canal na TV. A cada transferência, o empresário ganha o seu percentual e dane-se a carreira do cliente.

Quando me tornei treinador, apareceram inúmeros empresários querendo me levar para determinados clubes.

"Entendi, mas qual o seu percentual?"

"Esse aqui."

Ele me transferia, recebíamos o acordado, eu pagava o acertado, mas deixava claro:

"Se eu renovar, acabou. Estamos combinados?"

Ora, caso eu permanecesse, seria por méritos próprios. O empresário agia até determinado ponto, depois era comigo. A não ser que o chamasse para participar, talvez para tentar renovar por um valor mais alto ou coisa do tipo.

Se todos agissem assim, acabaria esse negócio de jogador ficar pulando de clube em clube, sem fazer história por nenhum. A maioria dos atletas joga hoje em cinco, dez, vinte clubes. Eu defendi dois. Três, se contar o Kashima, mas aí foi outra história. Era um projeto. Inclusive, já tinha pendurado as chuteiras.

Empresário é bom e ruim ao mesmo tempo. Porque nem sempre depende dele, mas do momento, tanto do mercado como do próprio jogador.

O futebol movimenta cifras bilionárias. Se o clube arrecada tanto, acho natural que o atleta receba em cima desse valor. Se o jogador ganha bem, o clube fatura ainda mais. Caso contrário, não conseguiria pagá-lo.

No meu tempo, existia a figura do procurador. Eu tinha um, João Batista. Ele levou meu irmão Antunes para o Fluminense e cuidou dos seus passos na carreira. Depois, quando surgiu o Edu, João Batista seguiu conosco. Inclusive comigo, por bom tempo.

Tínhamos uma relação de confiança e amizade, até por isso deu tudo certo. Por coincidência, ele era irmão da dona Neide, a melhor professora, e também da diretora, dona Luíza, ambas da Rocha Pombo, escola pública onde estudei em Quintino. Por cinco anos, dona Neide me deu aulas no primário. Eu a considerava minha segunda mãe, porque a educação que tinha em casa continuava com ela no colégio. Nada como um ambiente familiar para um ser humano se desenvolver.

Quando me tornei diretor-técnico do Kashima, vivi de perto essa questão dos empresários. Era um monte de gente querendo diariamente falar com os nossos jogadores. Impedi. Chamava o atleta num canto e explicava:

"Olha, temos tanto pra te dar. Sou assalariado do clube e não tenho participação em transferência de jogador. Portanto, não me interessa trazer ou demitir esse ou aquele. Indico apenas quem acho que pode vir a somar no grupo."

Levei Leonardo e Jorginho, dois tetracampeões do mundo em 1994, mas tratei de avisá-los:

"Vocês vão negociar direto com o Kashima, porque eu não me envolvo com isso. Apenas indiquei vocês. Agora, que se ajeitem com o clube."

==Esse é o papel de um gestor. Ele não tem que ganhar por fora, mas se doar em prol de quem lhe paga todo mês.== No caso, o seu clube.

Certa vez, o Kashima precisou de um determinado jogador. Ele já havia sido sondado pelo futebol japonês, mas não por nosso clube. Oferecemos um valor. Quando o empresário me ligou, expliquei:

"O negócio aqui é assim e assado. Procura tal pessoa e tenta resolver. O valor que temos é esse e ponto-final."

Ele me retornou em cinco minutos:

"Zico, deu tudo certo!"

Achava que aquela pessoa era o empresário do jogador, mas, não, o atleta tinha outro. E, ao assinar o contrato, ficou com menos, devido às percentagens de cada envolvido na transação. No momento de renovar, aquele primeiro que me ligou disse que, dessa vez, ficaria com 15%. Falei para ele:

"Isso é entre você e o seu jogador. Se ele quer te dar, ok. Mas não pagaremos um iene a mais."

Todos se acertaram. Eu estava de férias no Brasil, mas, assim que cheguei ao Japão, conversei abertamente com o atleta:

"Faça o que quiser com o teu dinheiro. Se quer dar tudo para os outros, problema seu. Só não quero que achem que estou envolvido. Sou contratado do Kashima, que me paga para indicar atletas. Te indiquei. Agora, o que você faz do seu dinheiro é problema seu."

Saí chateado, porque acho um roubo. Ficaram com quase metade do que ele recebeu. E o "trabalho" desses empresários foi dar um telefonema ou outro, coisa de cinco minutos, se tanto. Acho injusto. Quem realmente trabalha, e forte, é o jogador.

Muitos atletas me pedem para gerenciar suas carreiras. Alguns pais também querem que eu cuide dos seus meninos. Nunca aceito, mas indico quem confio. Que conversem e se acertem, pois já fui tudo no futebol, menos empresário.

==Acho até que, se eu surgisse agora no Flamengo, não ficaria mais de uma temporada no clube. Duas, no máximo. Não faria a História que fiz.== Vários jogadores são vendidos sem sequer jogar no time profissional. Messi, por exemplo, saiu da Argentina para o Barcelona aos 13 anos.

Dependendo do que apresentasse na base do Flamengo, ou nas categorias inferiores da seleção, meu destino seria outro caso começasse agora. Por exemplo, quem é chamado para uma seleção olímpica e se destaca, não tem jeito, o mundo está de olho nos Jogos. Rapidamente esse atleta deixará seu clube.

No CFZ, o Centro de Futebol Zico, certa vez fizemos um torneio interno para meninos entre 9 e 12 anos. Cheguei cedo para ver as partidas e entregar as medalhas. Antes do primeiro jogo, que começava às nove, esbarrei com um empresário. Brinquei com ele:

"Muito obrigado! Veio dar moral pra gente?"

"Não, Zico! É que tem um garoto meu aqui."

Impressionante a que ponto chegamos.

Não pode perder a paixão

==Nunca perdi a paixão pelo que faço.== Há uma frase que eu adoro: "Trabalhe com o que gosta e jamais precisará trabalhar na vida, pois será sempre um prazer, uma diversão."

Considero perfeita essa reflexão. ==Mas é preciso diferenciar diversão de dever. Há de se estabelecer uma meta bem definida, porque certas armadilhas derrotam até mesmo um jogador de alto nível.==

Um exemplo, enfeitar as jogadas para aparecer mais que os outros. Nunca deixei isso acontecer nos meus times. Se eu tinha que dar um drible, uma caneta ou um chapéu, dava porque à minha frente tinha gente impedindo que eu realizasse a minha meta, que era correr em linha reta rumo ao gol adversário.

Vejo muitos jogadores dando três ou quatro chapéus sem sair do lugar. Para quê? Para ser admirado por sua refinada técnica? Para ganhar aplausos do público? Para humilhar o adversário? Bom, eu preferia fazer gols, criar jogadas para outros marcarem, por isso corria em linha reta. Meu objetivo era a vitória. Do time, não a minha pessoal. Essa viria junto, como consequência.

MEU OBJETIVO ERA A VITÓRIA.

É importante estar focado, concentrado no objetivo. Essa é a diferença entre o profissional e o amador. Sempre procurei criar essa consciência em meus times. O autoconhecimento de todos, principalmente do treinador e dos jogadores, transformou aquele Flamengo, que nunca havia vencido um Campeonato Brasileiro sequer, em um time tão vencedor a ponto de chegar ao topo do mundo no ano de 1981.

Esse mesmo autoconhecimento levou o Kashima Antlers, que era considerado um clube pequeno no Japão, a se tornar respeitado na J.League. Esse espírito fez, também sob meu comando, o Fenerbahçe – time turco que não tinha tradição alguma na mais importante competição de clubes do planeta, a Champions League – alcançar uma colocação vista, até então, como impossível no torneio.

Seja humano com os companheiros

Uma dica que não me canso de repetir: quanto mais comum for o seu colega, melhor cuide dele. Até porque somos humanos e, de repente, levamos para o trabalho problemas pessoais que influenciam ou atrapalham o nosso rendimento. ==Procuro, acima de tudo, ser gentil e correto com todos. Para isso, ajo de forma transparente e lidero pelo exemplo.==

É fácil ser líder com poder. O chefe te manda fazer algo e você obedece. Mas ser líder pela autoridade só é possível através do exemplo. Se me achasse o tal, a ponto de não poder me cobrir de lama para ensinar quem queria aprender, jamais me tornaria líder.

Há uma diferença abissal entre poder e autoridade. Eu tinha e tenho autoridade para muita coisa. Poder até tive, mas prefiro autoridade. Por exemplo, nos anos 1980, uma criança sem recursos financeiros estava para ficar cega aos 7 anos, e disse ao pai que o seu sonho era me conhecer. Ao saber que estava perdendo a visão aos poucos, entendi a gravidade da situação e, diante das câmeras de uma emissora de televisão de grande audiência, clamei:

"Esse menino aqui só vai ser salvo se acontecer um milagre, porque Deus existe, ou se a Presidência da República assumir a responsabilidade de levá-lo aos Estados Unidos, onde poderá ser operado."

Falei aquilo porque tinha autoridade. Não tinha poder para mandar no presidente. Soube que, após a exibição da matéria, ligaram do gabinete da Presidência da República para o pai do garoto avisando que o Governo Federal bancaria a viagem e os custos dos experimentos. O menino viajou para Houston, no Texas, e tive o prazer de reencontrá-lo recentemente, quarenta e poucos anos após o episódio. Seu nome, Tony Diniz. Ele se tornou um grande empresário internacional. O que jamais seria, caso ficasse cego.

Percebe a diferença entre poder e autoridade? Desde que me tornei um dos melhores do mundo na profissão que escolhi, tenho plena noção da força que a minha palavra exerce. Tinha e tenho autoridade, mas poder, como nesse exemplo específico, quem tinha era o presidente da República. No caso, o João Baptista Figueiredo.

DENTRO E FORA DE CAMPO

- Aprender a delegar é uma arte imprescindível para se tornar um bom líder. Por isso, forme uma equipe com pessoas competentes e de confiança.
- O papel do gestor não é obter favores em troca de algum ganho, mas se doar em prol de quem lhe paga o salário.
- Dedique-se de coração ao que faz. Atualmente, construir carreiras longas em um mesmo lugar é quase impossível, mas enquanto estiver na empresa faça de tudo para deixar a sua marca.
- Nunca perca a paixão pelo que faz. É ela que vai te levar longe.
- Quando se trabalha em equipe, a vitória nunca é pessoal, mas do conjunto. Você não chegou ali sozinho.
- A concentração inabalável no objetivo é o que diferencia um amador de um profissional.
- Seja gentil e correto com todos e aja com transparência. É assim que se lidera pelo exemplo.

CAPÍTULO 17

Ensinamentos e aprendizados

==PARA QUE QUALQUER NEGÓCIO PROSPERE, É PRECISO HAVER relacionamentos saudáveis entre os responsáveis, e apenas grandes líderes têm capacidade para construir essas relações.==

Não posso dizer que tudo na vida gira em torno de relacionamentos, mas a maior parte, sim. Principalmente no meio do esporte. Mais ainda quando falamos de esportes coletivos.

Veja o caso do tênis, por exemplo. A relação se dá entre o tenista e o treinador, mas há também o relacionamento com o patrocinador. No automobilismo, você tem o piloto, a equipe e os patrocinadores. No futebol, há o grupo de atletas, mas também a comissão técnica, a diretoria, a torcida, a imprensa, os empresários, médicos, roupeiros, seguranças e patrocinadores. No mínimo.

Por isso, um bom relacionamento entre todos é importante.

Amar é respeitar seu cônjuge

Relacionamentos saudáveis servem para qualquer ser humano. Hoje, a maior parte das relações amorosas tornou-se descartável.

Antigamente, consertava-se um casamento. Atualmente, um dos parceiros é jogado fora e parte-se para outro.

Comecei a namorar minha mulher, a Sandra, em 1970. Para nós, o segredo de um matrimônio duradouro é o amor, acima de tudo, mas também o respeito mútuo. Isso é fundamental. Se você está feliz em casa, não sai para a rua em busca de prazeres fugazes.

Manter um relacionamento longo não é tarefa fácil, é preciso empenho para compreender o momento e as preocupações do outro. Sexo é bom quando os dois estão inteira e totalmente livres para a prática. Quando um está preocupado, não importa com o que seja, o prazer não será o mesmo.

No caso do futebol, faz-se necessário uma compreensão ainda maior. Minha mulher, por exemplo, compreende que em mais da metade do ano dormirei fora de casa, devido ao trabalho. É bíblico, mas verdadeiro: é preciso controlar a tentação. Falo isso para os meus atletas. De vez em quando ouço:

"Há tempos não faço sexo em casa, tenho que fazer na rua."

Fazer por fazer, entendeu? Isso implica uma série de coisas, todas negativas. Você pode se divertir bastante sem desrespeitar quem verdadeiramente está do seu lado.

Confiança é fundamental. Quando viajo a trabalho, Sandra fica sem mim, mas curte a vida com os netinhos, com nossos filhos, suas amigas, seus amigos, com quem quiser. E, lógico, com o passar dos anos, o fato de as coisas estarem mais arrumadas melhora tudo. Ficamos livres para fazer viagens a dois, e essas coisas, que parecem pequenas, fecham ainda mais o nosso elo.

Quando o trabalho interfere na vida particular

É duro não poder ir à escola no Dia dos Pais. Ou a festinhas de aniversário, quando nossos meninos se reúnem com os colegas.

Em relação a meus filhos Junior, Bruno e Thiago, na época do colégio, qual o único pai que nunca ia a evento algum? Eu. Porque tinha jogo, concentração, treino, viagem, trabalhos físicos ou compromissos extracampo. Mesmo cientes disso, interrogavam os garotos:

"Cadê teu pai?"

Lá em casa, o pessoal sabia que eu estava concentrado para jogar, mas os amiguinhos faziam uma espécie de bullying:

"Que pai é esse, que nunca vem?"

Se estivesse viajando com o meu time ou com a seleção, não podendo ir, mandava o avô no meu lugar. Não é a mesma coisa, eu sei. Mas, se a mulher tem que entender, os filhos também têm. Até eu tenho. Em vez de me culpar, procurava compreender que não fui porque realmente não pude, não porque não quis.

Houve vezes em que levei as crianças a parques de diversões. Do nada, surgia um monte de gente para falar comigo, tirar fotos ou gravar vídeos. Os garotos saíam de si:

"Sai daqui, deixa o meu pai brincar com a gente!"

Várias vezes vi isso acontecer. Sempre que podia, principalmente nas férias, viajava ou ia com eles fazer o que me pediam. Íamos a parques, circos, chegada de Papai Noel no Maracanã. Agora, tenta se colocar no meu lugar, você está chegando a um local e tem que correr para se proteger, porque todo mundo quer te agarrar, te parar ou falar qualquer coisa contigo.

No começo de 1979, viajei para a Flórida. Brasileiros que excursionavam pela Disney me cercaram por quarenta e cinco minutos, pedindo autógrafos ou tirando fotos comigo. Ao sair daquele bolo, comprei um chapéu e óculos escuros. Camuflado, pude andar tranquilamente pelo parque com a família.

Se era complicado para mim, imagina para as crianças. Ao mesmo tempo que se orgulhavam do pai, toda moeda tem dois lados:

"De que adianta vir com o papai, e ele não se divertir conosco?"

Não é fácil. Ao menos, eu chegava dos jogos e me desconectava. Em casa era apenas o Arthur. Mesmo que perdesse uma partida importante, jamais deixei de tratar minha mulher e meus filhos como devia por causa de problemas profissionais. Da porta de casa para dentro, acabou.

==É preciso saber separar o profissional do pessoal.== Ninguém tinha culpa de nada, então jamais poderia descontar na família um problema de trabalho exclusivamente meu.

Homenagens são reconhecimento

Fico orgulhoso ao receber homenagens como desenhos, pinturas, tatuagens. Entendo que o meu trabalho foi bem-feito. Mas ninguém tatua uma pessoa à toa. Fazem isso porque signifiquei alguma coisa na vida delas. De certa forma, fui marcante.

Quando vejo darem a seus filhos o nome Arthur, recebo isso juntando o personagem, o ídolo, aquele que atuava dentro de campo, ou seja, o Zico, aliado ao ser humano, aquele que vive de forma correta e regrada fora das quatro linhas. Ninguém nomeia o filho porque o cara era uma estrela do esporte, acredito. A homenagem não pode ser para o ídolo, mas para a pessoa.

Muitos pais dizem isso. Deram meu nome mais por minha conduta fora de campo, como pai, marido e cidadão, do que pelo que fiz com a bola nos pés. Assim, entendo como uma homenagem dupla.

Quando trabalhei na Esporte Interativo, uma emissora de televisão brasileira, a produção criou um quadro chamado "Meu Pequeno Arthur". Descobri várias histórias bacanas. Uma delas chamou a atenção. Um casal combinou de dar aos filhos nomes de reis. Ele era flamenguista, mas ela não entendia nada de futebol.

Veio o primeiro filho e registraram como Gabriel, o anjo que guiou os Reis Magos. O segundo a nascer virou Arthur. A esposa achou que era por causa do rei medieval da Grã-Bretanha, que ordenava os Cavaleiros da Távola Redonda. Até que, durante a Copa de 1982, quando fazíamos gol, a Globo assinava na tela o nosso nome junto ao autógrafo. Quando leu "Arthur Antunes Coimbra", aquela mulher brigou na hora com o marido:

"Canalha, você não botou o nome nele por causa de rei Arthur nenhum, foi por causa do Zico!"

Deu a maior confusão! Ela ficou um tempo sem falar com ele, no entanto procurou descobrir quem de fato eu era. Passou a prestar atenção à minha vida, viu minha relação com meus pais, meus filhos, minha família, e deu um depoimento emocionante, no qual chorou copiosamente diante das câmeras:

"Obrigada por sua história, Zico. Pela sua conduta como pai, marido e cidadão. Briguei com meu esposo na hora, mas, após te conhecer melhor, tenho muito orgulho de o meu filho se chamar Arthur!"

Mesmo sendo o maior artilheiro do Maracanã, não acho que o estádio deva adotar o meu nome. Ele está muito bem representado como Mário Filho. Essa família fez muito pelo futebol brasileiro. Tanto Mário como o irmão, Nelson Rodrigues, nunca jogaram seus nomes por terra. O que, por exemplo, João Havelange, ex-presidente da CBD e da FIFA, fez. Tanto que tiraram seu nome do Estádio Olímpico, que passou a se chamar Nilton Santos. Outro, aliás, de quem não se pode falar mal uma vírgula.

Gratidão emociona

Na Barra da Tijuca, bairro onde moro, percebi dois carros acelerando na minha direção. Eu tinha uma Caravan, e estava voltando para casa desligadaço, ouvindo música, como sempre fazia. De repente, os veículos emparelharam, me prensando. Um homem de fuzil berrou:

"Encosta aí!!!"

Subi no acostamento e parei. Me mandaram sair:

"Mãos ao alto!"

O sujeito armado, ao perceber que era eu, disse o seguinte:

"Olha, Zico, a gente encostou aqui em você, mas perdão, desculpa, é que vi uns caras te seguindo e queremos te proteger."

Fiquei parado, esperando passar quem vinha atrás. Não apareceu ninguém. Acredito que não havia carro algum me perseguindo. Até hoje, tenho dúvidas se o que aconteceu foi tentativa de assalto ou sequestro e o pessoal desistiu na hora.

Sou religioso e acredito em Deus. Óbvio que papai do céu me protegeu nessa. Mas esse lance de torcedores do Flamengo comemorarem o "Natal" no dia do meu aniversário, 3 de março, prefiro levar na brincadeira. Deus de verdade só tem um. Encaro como gozação o que todo ano fazem.

Por tudo o que o Flamengo representa, poucos jogadores no mundo têm uma identificação com o clube como a que tenho com o rubro-negro carioca. A mesma coisa acontece no Japão. Eles me chamam de *kamisama*, ou seja, "deus do futebol". Porém, lá não é o Deus todo-poderoso. Tratam-me assim porque me veem como o único grande craque que acreditou no futebol japonês. Entendem que fui o marco zero desse esporte no país.

Não fui convidado para conduzir a tocha olímpica durante os Jogos do Rio de Janeiro, em 2016. Por tudo o que fiz pelo Flamengo, que, além de ser o maior clube do Brasil, fica no Rio, e também pelo que realizei pela seleção, o mais lógico seria eu conduzi-la em meu país. Contudo, quem me proporcionou esse prazer foram os japoneses.

Jogando bola, não fiz muito no Japão. Mas sei da minha importância na organização do futebol profissional desse país. O Brasil não me deu o devido reconhecimento, mas convidou para segurar a tocha um monte de gente que hoje está presa ou usando tornozeleira eletrônica devido a condutas sem ética ou caráter.

Se no Rio eu não fui chamado, no Japão, onde nada tive a ver com a organização dos Jogos Olímpicos de Tóquio, recebi o convite do comitê e carreguei a tocha por um trecho. Foi espetacular. Juro, nem esperava.

Definitivamente, no Japão, gratidão é coisa séria.

Ser correto é o mínimo

Não gosto de que me elogiem por ser honesto. Para mim, é o mínimo que um cidadão deve ser. Acontece que, por às vezes isso ser tão raro, as pessoas dão mais valor a essa qualidade.

Fico feliz com o carinho dos torcedores. Impressiona a quantidade de botafoguenses, vascaínos e tricolores que me param nas ruas. É gratificante, assim como saber que fui referência para o Ronaldo, um jogador por três vezes eleito o melhor do mundo.

Sou o ídolo dele, assim como do Roberto Baggio, do Alex, do Renato Gaúcho, Petkovic, Seedorf e de tantos craques, brasileiros ou não. Isso me deixa orgulhoso.

Fico contente também com o fato de que, até quem não me viu jogar, somente ouviu o que os pais disseram sobre mim, vibra ou se emociona ao me ver. Não tenho o que dizer, só agradeço a Deus. Por tudo o que Ele fez e continua fazendo por mim.

Por isso, gosto de ajudar as pessoas. Se Deus até hoje me ajuda, por que não faria o que posso pelos outros?

Mudanças são inevitáveis

Há profissões em que você pode se aposentar mais velho. Cantores, atores e escritores, por exemplo, conseguem morrer exercendo o seu ofício. Desde cedo, eu sabia que a minha profissão era datada, teria início, meio e fim, mas nunca me preocupei com isso.

Não sou partidário de jogador parar no auge. Acho que deve pendurar as chuteiras no momento em que não estiver mais feliz ao trabalhar diariamente, como aconteceu comigo. Hoje, atletas atuam até os 40, 42 anos. Em geral, são profissionais dedicados, que se cuidam bastante fora de campo, e, portanto, merecem seguir desfilando talento para o grande público.

A parte tática superou a arte e o clássico camisa 10 acabou. Há muitas exigências físicas, e os artistas deram vez a atletas. Mas, pensando bem, na minha época a gente subia correndo a Vista Chinesa, no Rio de Janeiro. Quem faz isso hoje? Dávamos voltas e mais voltas na Lagoa Rodrigo de Freitas. Quem sobe e desce as íngremes arquibancadas da Gávea, como fazíamos? Percorríamos circuitos intermináveis carregando pesos nas costas e cumpríamos quinhentos abdominais sem interrupção. Que carga brutal é essa que somente agora os atletas têm?

Inegável que há mais campeonatos cuja pressão sob o profissional é fortíssima. É Copa disso, daquilo, e nem o torcedor sabe direito que torneio o seu time está disputando.

Não me preocupo com os brinquinhos nem com os cortes de cabelo que certos astros usam, mas em relação ao material de jogo, hoje, o atleta calça uma chuteira e vai para o campo. No meu tempo, elas tinham travas com pregos e alguém precisava amaciá-las. Amaciei muitas para jogadores mais velhos. Assim como atletas iniciantes amaciaram as minhas.

Hoje em dia, o uniforme pesa, se tanto, 400 gramas. No meu tempo, quando chovia, carregávamos dois ou três quilos no corpo. Isso, sim, é diferente. No resto, o futebol não mudou tanto.

DENTRO E FORA DE CAMPO

- Relacionamentos saudáveis são imprescindíveis em qualquer situação. Para fazer seu negócio prosperar, deve se agarrar a eles. Mas saiba: apenas grandes líderes conseguem formar esse tipo de laço.

- Separe sua vida pessoal da profissional. Levar problemas para casa pode pôr em risco seu relacionamento com a sua base mais sólida: sua família.

- Não aceite elogios por fazer o mínimo, por mais rara que possa parecer a qualidade que estão exaltando em você.

- Algumas profissões vêm com prazo de validade, e tudo bem. Tenha isso em mente e vá se preparando e se adequando às exigências que vão surgindo.

CAPÍTULO 18

A descoberta do meu propósito

(Nova Geração, 1991; CFZ, 1995/2023)

ANTES DE PENDURAR AS CHUTEIRAS, CRIEI UMA EQUIPE CHAmada Nova Geração. Fundamos esse time no começo de 1987. Meu irmão Edu o treinava. Além dos nossos filhos, ele chamou o do ex-goleiro Nielsen, o do cantor Erasmo Carlos, o próprio Vitor Belfort, que fez fama no UFC, entrou de zagueiro, enfim, formamos um grupo de crianças que, todos os sábados, jogava bola em um campo de pelada dentro de um condomínio da Barra, onde a maior parte morava.

A brincadeira ficou séria. Mais e mais jogos, todos querendo nos desafiar. Contudo, Edu foi contratado para treinar a seleção do Iraque e precisou nos deixar. Disse a ele para ir sossegado, que eu assumiria a equipe.

Seguimos jogando. Vieram os filhos do Sócrates, depois outras crianças boas de bola, como o menino do jornalista Antônio Maria, e, assim que parei de jogar profissionalmente, o time pôde se transformar em sub-11. Mais tarde, sub-13.

Disputamos vários campeonatos no estado. Juan, zagueiro da seleção brasileira nas Copas de 2006 e 2010, jogava conosco. Assim como Bruno Quadros, outro que chegou a vestir a camisa do Flamengo.

Por que meu clube não se profissionalizou

O Nova Geração durou até 1991. Todo sábado, eu levava de carro a molecada para jogar. Enfrentaram tudo quanto foi time. O projeto cresceu tanto que, depois que me transferi para o Japão, pude comprar o terreno onde montei, em 1995, o CFZ. Coloquei campos e construí um estádio. Ainda abrimos escolinhas, para ensinar futebol à criançada da vizinhança.

Ao completar 16 ou 17 anos, porém, esses jovens se viam obrigados a parar ou a se transferir para outros clubes. Edu me alertou:

"Irmão, você está formando os meninos, mas depois eles vão embora. Por que você não faz um time profissional?"

Fizemos. Iniciamos como tem que ser, na terceira divisão do Campeonato Carioca, em 1997. No entanto, o presidente da federação – Eduardo Viana, apelidado de Caixa d'Água – era um cara que fez tudo para frear a nossa ascensão.

A gente gastava o que fosse com o time e cumpríamos tudo que a federação exigia. Assim, não ficávamos nas mãos dele, o que ele não gostava. Amava quem lhe devesse algo, adorava o poder.

No mesmo ano, sob o comando do Jayme de Almeida, ganhamos a terceira divisão ao vencer o Duquecaxiense com um gol do Takayuki Suzuki, centroavante que importei do Japão. Havia dois japoneses no time; no total, trouxemos seis crias do Kashima. Todos seriam convocados para a seleção. Outro orgulho que tenho na vida.

Em 1999, abrimos uma filial do CFZ em Brasília. Chegamos a ser campeões da elite no Distrito Federal ao vencer o Gama por 1 × 0 na final, após 26 jogos invictos.

O Kashima Antlers comprou a ideia de patrocinar parte do meu clube. Assim, pudemos montar times competitivos. Quando chegou a hora de os profissionais entrarem em cena, começamos de forma arrasadora. Na segunda divisão, incomodamos clubes tradicionais, como Madureira e Portuguesa. Nisso, começou a covardia.

Fizeram uma "panelinha" para não nos deixarem subir para a elite. Vi de perto situações bizarras. Em certo jogo, ganhando de 3 × 0, o árbitro apitou três pênaltis contra nós. Um deles, o adversário perdeu, mas o juiz mandou cobrar de novo.

Fui informado de que seríamos prejudicados contra o Macaé. Espalhei câmeras pelo estádio e contratei um radialista para narrar da cabine. O pessoal do outro time não quis que eu gravasse o jogo. Avisei que consegui um horário na TVE, uma emissora estatal, e que os nossos jogos seriam exibidos ao vivo. Foi a maneira que encontrei para mostrar ao patrocinador o que vinham fazendo conosco.

Nesse dia, o juiz foi o Índio, que chegaria ao quadro de aspirantes da FIFA. Pela primeira e única vez na vida, entrei no vestiário de um árbitro, a duas horas da partida, para falar grosso com ele:

"Olha, recebi um telefonema avisando que vocês viriam hoje me prejudicar. Vou gravar o jogo. Se o senhor fizer alguma coisa contra nós, saiba, tudo vai ser mostrado na televisão."

Ele apitou direitinho. Ganhamos de 3 × 1.

==A gente vai aturando situações desse tipo, mas, se não acabam nunca, um dia cansa. Desisti de lutar contra o poder.== Perdemos muito dinheiro, principalmente em relação ao que poderíamos obter junto a patrocinadores.

Certa vez, o Caixa d'Água obrigou os times pequenos a assinarem com um único patrocinador, "parceiro" da federação. Avisei que o meu clube não entraria nessa:

"Já tenho o meu. Não vou assinar, não."

Todos baixavam a cabeça para ele, menos eu. Mordido, Eduardo Viana resolveu criar um hexagonal com sete times, onde já se viu isso? Era inaceitável, mas os demais presidentes aceitavam.

Fechei o futebol profissional do CFZ em 2004. Foram cinco ou seis anos dando murro em ponta de faca. Não sou de desistir, mas nessa briga desigual, infelizmente, não teve como.

Um líder nunca para de sonhar

Meu foco é incrementar a Escola de Futebol Zico 10, outra criação minha. Abro clínicas de futebol Brasil afora. Temos quase quarenta núcleos aqui no Brasil e, faz pouco tempo, abri a primeira no Japão, em Toyama. A cidade não é grande, mas uma empresária brasileira que mora na região queria implementar um trabalho sério de futebol no país. A repercussão foi alta. A mídia deu tanto espaço que hoje somos procurados para implantar a "Zico 10" em outras cidades japonesas. Já até abrimos outra, em Okinawa.

Já posso fazer isso. Como diretor-técnico, ou trabalhando de alguma forma para o Antlers, não poderia criar escolas de futebol em cidades que tenham times na J.League. Detalhe: há agremiações espalhadas pelas três divisões, ou seja, no país inteiro.

Como sou apenas conselheiro do clube, não há empecilhos. Posso abrir o meu negócio, como qualquer empresário. Minha expectativa é difundir várias clínicas pelo Japão. Portanto, meu objetivo de vida, agora, é passar todo o conhecimento que adquiri no esporte e dar mais oportunidades à garotada, incentivando os meninos a correrem em busca dos seus sonhos, mas sob uma metodologia eficaz.

Além disso, continuo ministrando palestras sobre liderança e sigo trabalhando em diversas áreas. Tenho projetos na televisão e um canal no YouTube. Enfim, não paro!

Pretendo continuar formando jovens que amam jogar bola. Obtive sucesso e fiquei famoso no mundo inteiro graças ao futebol, portanto devo muito a esse esporte. Não pelo que sou, mas pelo que me tornei. Por isso quero retribuir, de alguma forma, ao menos parte do tanto que ele me deu.

Gostaria também de criar um sucessor, alguém que tenha a minha técnica e herde a experiência que lhe darei, para repassá-la adiante. Eu, que joguei em um clube de massa, como o Flamengo, e defendi por mais de uma década a seleção, sei da importância de pensarmos um mundo mais coletivo e menos individualista.

No meu tempo de jogador, quando íamos para a concentração, conversávamos sobre família, vida pessoal, bobagens e, claro, estratégias relacionadas à partida que disputaríamos. Ficávamos juntos, mesmo em grupos distintos, jogando sinuca, pingue-pongue, baralho, enfim, fortalecendo a amizade. Atualmente, é cada um no seu quarto, com o celular à mão. Ou seja, cada um com o seu eu. Praticamente, o grupo se encontra apenas na hora do almoço, do jantar, na preleção e nos jogos. Muitos sequer lembrarão quem fez parte de determinado plantel. Ao passo que nós, da geração que fez história no Flamengo, somos amigos e nos falamos até hoje.

Invista em suas relações no campo profissional, no seu networking. São poucas as pessoas que vão compreender tão bem as suas lutas do dia a dia, que te darão toques de no que melhorar e ainda te ajudarão a espairecer em certos momentos. Mas saiba também identificar com quem vale a pena fazer isso.

Criança, antes de craque, precisa ser cidadão

Quem trabalha em qualquer empresa depende do companheiro. Em esportes coletivos, a mesma coisa, é necessário deixar de lado a individualidade ou colocá-la a serviço da equipe.

Procuro implantar essa filosofia junto às crianças da "Zico 10". Visamos formar cidadãos, não atletas. Entendo que entrem com o sonho de virar craques, mas nos cabe ensinar valores como amizade, disciplina, as regras do jogo, claro, mas também ética, respeito ao professor e ao companheiro que está ao lado. O espaço de um termina onde começa o do outro.

Se todo líder traça sempre um novo objetivo, o meu, atualmente, ainda mais depois de passar por uma implantação de prótese no quadril, é voltar a fazer o que mais gosto, que é brincar com bola. Principalmente com os meus netinhos, que não entendem por que as pessoas gritam o meu nome nos estádios ou me param na rua para tirar fotos, assinar camisas e pedir autógrafos. Sou um líder, digamos, com pretensões mais simples, hoje em dia.

Ensinando futebol a crianças, e não somente questões que ocorrem dentro do campo, minha intenção é mostrar a importância do trabalho em equipe, de ganhar competindo consigo próprio, e não com o companheiro ou com os adversários. E, acima de tudo, fazer com que se tornem cidadãos de bem.

O que dizem sobre o líder

"Meu maior ídolo no futebol sempre foi e será o Zico. Foi quem mais me inspirou na minha infância e até hoje me inspira, como dirigente e pessoa. Sempre usei o Zico como referência de vida, não apenas dentro de campo, mas fora dele também, seja por seus valores, seja por seu comportamento. Para mim, Zico foi a maior inspiração que tive para me tornar um atleta profissional."

Ronaldo Fenômeno

"Liderança verdadeira é aquela em que o líder jamais pensa nele, mas sempre no grupo! E o Galo era e continua sendo assim!"

Junior

"Arthur era um adversário elegante, gostei muito de enfrentá-lo, pela Juventus, contra a sua Udinese, e também contra a seleção brasileira, especialmente naquele jogo da Copa do Mundo de 1986, no México, em que conseguimos um feito difícil de se repetir, até porque tanto ele quanto eu perdemos pênaltis. Zico era um artista nas cobranças de falta. Tenho boas lembranças e um respeito mundial por ele, pois é um verdadeiro cavalheiro!"

Michel Platini

"Zico foi o líder de que precisávamos no Fenerbahçe. Uma liderança firme, justa, leal e muito, mas muito equilibrada. Nunca, em vinte anos como jogador de futebol profissional, vi uma liderança tão tranquila e tão bem direcionada. Além do superjogador que foi e do ídolo que é, sua liderança e forma de comando me impressionaram demais. Zico é um fenômeno em todos os sentidos."

Alex de Souza

"Zico foi um extraordinário companheiro de equipe. Um amigo leal e fora de série, é indiscutível tanto dentro de campo como na vida."

Franco Causio

"Conheci Zico de diversas formas. Um jogador impressionante, de muita técnica, que sabia driblar, dar assistências e, ainda por cima, goleador. Suas cobranças de falta eram uma joia balística! Um dos camisa 10 mais fortes do mundo. Um único livro não basta para contar toda a sua magia."

Giancarlo Antognoni

"Sempre achei Zico um grande jogador de futebol, tanto como companheiro quanto como adversário. Sempre nos entendemos bem, dentro e fora de campo. Tive a honra de ser o único holandês convidado para a sua partida de despedida, no Maracanã, e o terei para sempre em meu coração."

Ruud Krol

"Eu tinha 16 anos quando o meu ídolo do futebol, Arthur Antunes Coimbra, mais conhecido como Zico, chegou à Itália. Não me pareceu real! Tive o prazer de observá-lo e estudá-lo ao vivo. Até então, havia assistido a apenas alguns jogos dele, nos primeiros canais fechados que os transmitiam. Agradeço ao futebol por ter me oferecido a oportunidade de admirar mais de perto a minha lenda do futebol.
Gostei de tudo nele: como estava em campo, como se movia, sua técnica infinita, sua elegância natural e, acima de tudo, sua capacidade de colocar a bola onde queria. Foi isso o que mais me impressionou nele.
O conheci no Japão, onde pude declarar diante dele toda a minha admiração e o quão importante ele foi para mim, durante a minha juventude. Sem me contar nada, ao retornar à Itália, recebi a preciosa e inesquecível camisa 10 do Flamengo, muito admirada e desejada nos meus sonhos de jovem jogador de futebol. A partir de então, nos tornamos amigos.
Zico, um grande homem e um grande campeão.
Obrigado, Zico, por me fazer sonhar."

Roberto Baggio

Agradecimentos

O PEDIDO QUE ZICO ME FEZ NÃO ESTARIA DISPONÍVEL A VOCÊ, leitor, caso algumas pessoas e empresas não se tornassem nossas parceiras desde que montamos o projeto deste livro. O principal sonho do meu ídolo era fazer que suas experiências e tudo o que aprendeu ao longo de décadas no futebol se tornassem uma obra de qualidade. Portanto, preciso dedicar estas últimas linhas àqueles que viabilizaram nossa ideia, transformando-a em um produto com "padrão Zico" de excelência.

Agradecemos, em primeiro lugar, à TD SYNNEX, líder global em distribuição e agregação de soluções de TI, cujo propósito é oferecer à sociedade ótimos resultados com a utilização das tecnologias digitais mais avançadas e contribuir para um mundo melhor não apenas via tecnologia, mas também pelo compromisso com a boa governança, inclusão, diversidade, meio ambiente e cultura em todos os países nos quais atua.

Também deixamos nosso obrigado à MORPHUS, empresa que desde 2003 gera e compartilha conhecimento por meio de experiências adquiridas durante a realização de complexos projetos de cibersegurança em ambientes críticos. Em seu núcleo de pesquisas são realizados avançados estudos sobre cibersegurança e análises de vulnerabilidades e ameaças de forma aprofundada, com o objetivo de colaborar com a comunidade por meio de emissão de alertas antecipados e compartilhar informações coerentes sobre tecnologia e segurança digital. Na MORPHUS, segurança da informação e ciência andam sempre de mãos dadas.

Temos que mencionar o apoio de Eduardo Elmo Esteves, diretor-presidente do GRUPO LLE – empresa atacadista líder do segmento de material de construção no estado do Rio de Janeiro, e detentora das marcas King Ouro, LLE Ferragens e Trio –, que não poderia deixar de participar desta grande homenagem como fiel torcedor do Flamengo, paixão herdada do pai, e apreciador de toda a trajetória de Zico.

Obrigado à AMA PEIXE CAMU CAMU e seu representante Vando Amaral. A empresa, instalada em Vitória do Xingu, no Pará, tem entre suas especialidades a extração, industrialização e exportação do camu-camu, fruto nativo da Amazônia considerado o mais rico em vitamina C de todo o planeta. Ele pode ser usado na produção de medicamentos, alimentos, chocolates e energéticos. O papel da empresa é fomentar o extrativismo legal e defender o meio ambiente, fazendo chegar a todos os continentes os benefícios desse fruto.

Muito obrigado também a Lúcio Mauro Paredes Leite e seu projeto DIA MOTIVACIONAL RUBRO-NEGRO, que se espalha pelo Brasil e pelo mundo. Também deixo meus agradecimentos à POUSADA E RESTAURANTE DON PASCUAL. Situado em uma parte da Mata Atlântica em meio à floresta, o restaurante oferece um cardápio de alta gastronomia, com direito a um clima aconchegante e intimista, ao passo que a Pousada, além de piscina, hidro e sauna a vapor, revela-se o ambiente ideal para quem busca privacidade e conexão com a natureza sem abrir mão do conforto.

Além deles, agradeço à ABS ENGENHARIA, FUNDAÇÕES E GEOTECNIA, empresa especializada em projetos, consultoria e acompanhamento técnico de fundações, infraestrutura, subsolos e geotecnia, com quase 7 mil projetos realizados em mais de trinta anos de atuação. Em suas análises, a ABS vale-se dos mais avançados softwares disponíveis no mercado mundial, operados por engenheiros altamente qualificados. Com sólido conhecimento, oferece soluções rápidas, seguras, competitivas e economicamente viáveis, garantindo suporte completo em todas as fases de projeto. Liderada por seu fundador, que biografei em *O Gênio das fundações: a trajetória de Apolônio Bechara, o homem que levou a engenharia brasileira a quatro continentes*. Para mais informações, acesse o site www.absfundacoes.com e @abs.fundacoes no Instagram.

Não posso deixar de mencionar a importância do Fairmont Rio, maravilhoso hotel que possui 375 quartos, com muito conforto, estilo e localização privilegiada, de frente para a Praia de Copacabana. Projetados pela arquiteta Patrícia Anastassiadis, com inspiração na Copacabana dos anos 1950, as acomodações desse cinco estrelas são pura "Bossa Nova". Perfeitas para você aproveitar o Rio de Janeiro ao máximo e voltar para casa muito mais relaxado. Local ideal para desfrutar do melhor de Copacabana, inclusive com serviço de praia, duas piscinas, spa, experiências esportivas, atrações e fitness center.

Por fim, também deixo registrado o meu muito obrigado a Cristina e Zezinho, da PARATI VARIEDADES, referência em Cataguases, Minas Gerais; à RADAR GESTORA DE RECURSOS INDEPENDENTE, com horizonte de investimento de longo prazo, que apoia diversas iniciativas sociais no Rio de Janeiro; a Junior Corriça e sua SERVICES SISTEMAS ESPECIAIS, empresa especializada na execução de projetos de engenharia e aplicação de tecnologias de sistemas especiais na construção civil, oferecendo mão de obra qualificada para toda e qualquer operação e sempre obedecendo a critérios de alto rigor técnico e padrão tecnológico; a Walderez Simões Ramalho, idealizador do MUSEU DO FUTEBOL DE GOVERNADOR VALADARES; a NUHATÊ CASA HOTEL, de Caraíva, na Bahia; ao advogado Bruno Barki, que nos ajudou muito desde o começo do projeto; a meu amigo rubro-negro Pedro Batista Lima e seus filhos Mateus, Gabriel, João Miguel, Lucas e Rafael; a Mario Helvecio, que transcreveu boa parte das entrevistas; ao mestre Ruy Castro, membro da ABL; a Sergio Pugliese e Daniel Planel, do MUSEU DA PELADA; e, principalmente, meu muitíssimo obrigado à minha belíssima Jo Oliveira, melhor esposa do mundo – tudo bem, junto à Sandra Coimbra – e, claro, ao meu filhão Bernardo Neves, orgulho maior da minha vida.

Sem vocês, certamente o sonho de ter este livro não se tornaria tão especial para o nosso eterno e único Galinho de Quintino.

Acesse o QRcode para
mais informações sobre o Fairmont:

Fairmont
RIO DE JANEIRO COPACABANA

▲ Com a camisa da seleção brasileira, Zico se tornou um dos maiores nomes do futebol mundial em todos os tempos

Acervo pessoal

© Sven Simon / Imago Sportfotodienst / Fotoarena

▲ Após cobrança de escanteio, Zico marca de cabeça, contra a Suécia, o que seria o seu primeiro gol em Copas do Mundo, na Argentina, em 1978. O árbitro, porém, anulou, alegando ter encerrado o jogo com a bola a caminho da área

© Varley Media / Imago Sportfotodienst / Fotoarena

▲ Zico comemora seu gol contra a Argentina na Copa da Espanha, em 1982: time montado por Telê Santana encantou o planeta mesmo sem ter vencido o Mundial

© Anibal Philot / Agência O Globo

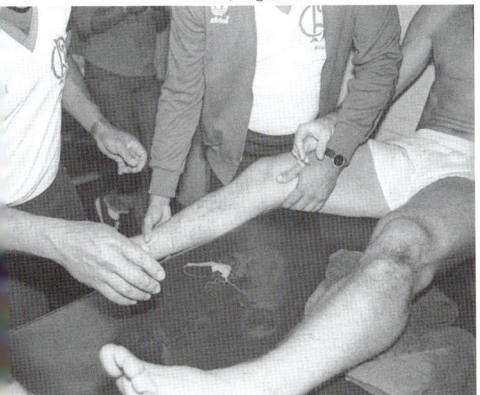

© Magic / Imago Sportfotodienst / Fotoarena

▲ Agredido covardemente em 1985, Zico se recuperou em tempo recorde para disputar a Copa do Mundo de 1986: "Pedi para não ir ao Mundial, mas o treinador não aceitou"

© PA Images / Alamy / Fotoarena

▲ Zico perde pênalti contra a França, na Copa do México, em 1986, mas garante que nunca teve pesadelo em relação a isso: "Ninguém treinava mais do que eu, por isso bati e não me arrependo. A responsabilidade era minha"

© Juca Varella / Folhapress

▲ Zico dá força a Denílson, na final da Copa de 1998: segundo ele, o artilheiro Ronaldo não deveria ter sido liberado pelo hospital francês, por conta da convulsão que sofrera horas antes da decisão

▶ Apesar de ter estreado pelos profissionais em 1971, Zico continuou sendo tratado como atleta amador até 1974, quando completou 21 anos de idade

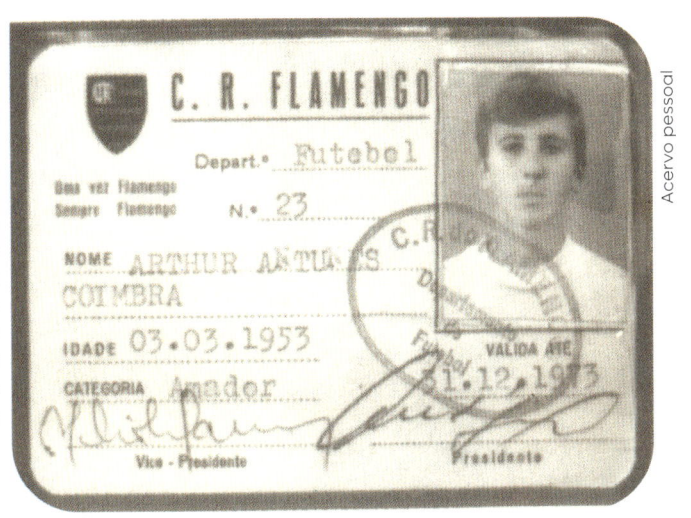

▲ Desde o começo da carreira, no Flamengo, Zico se esforçava nos treinos mais do que os companheiros: "É impossível chegar à perfeição, mas não à excelência"

▲ Zico é entrevistado à beira do gramado, antes de um jogo: craque sempre foi dos mais requisitados e jamais teve receios de dizer o que pensa

◂ Quando era o melhor jogador do mundo, um torcedor se atirou a seus pés ao ver o ídolo de perto: o fanatismo pelo craque perdura, apesar de ele ter pendurado as chuteiras faz décadas

© Luiz Pinto / Agência O Globo

▲ Zico dribla a zaga adversária e marca mais um de seus 508 gols pelo Flamengo: ele é o maior goleador do mais popular clube do Brasil

▲ Em seu jogo de despedida do Flamengo, no dia 6 de fevereiro de 1990, Zico reuniu craques de diversas nacionalidades numa festa que emocionou o Maracanã

© Silvio Viegas / Folhapress

▲ Zico jogou dois anos na Itália, pela modesta Udinese, e é ídolo até hoje: mesmo chegando com pompas, ganhou o respeito dos companheiros no dia a dia, treinando forte

▲ Técnico da seleção japonesa no Mundial de 2006.
Segundo Zico, no Japão gratidão é coisa séria

▶ Após ter sido boicotado pelo treinador de goleiros do Olympiacos, na Grécia, Zico foi demitido por um oficial de Justiça e levou o caso à Fifa: "O que está no contrato tem que ser honrado e luto até o fim pelo que é direito meu"

▲ Quando dirigiu a Seleção do Iraque, Zico teve que apartar briga entre jogadores xiitas e sunitas: religião não pode desagregar um grupo

▲ Zico e a bola: a paixão de criança virou romance com final feliz

Acervo pessoal / Daniel Tiriba

▲ Para Zico, jogadores têm que manter o foco: evitar vícios e tentações é dever de casa para quem quer vencer na vida como atleta

Acervo pessoal / Daniel Tiriba

Uma das estátuas de Zico no Japão: o craque mudou o patamar do futebol no país do sol nascente desde que chegou para jogar pelo Kashima Antlers, a ponto de ser lembrado para conduzir a tocha olímpica nos Jogos de Tóquio, em julho de 2021

Zico considera Maradona o melhor de sua geração: em 2005, o argentino voou para o Rio de Janeiro a fim de atuar no Jogo das Estrelas, evento que promove entre o Natal e o Réveillon

▲ Zico aceitou o convite do Presidente da República Fernando Collor de Mello para ser Secretário Nacional de Esportes, em 1990, mas deixou o ministério ao ver sua Lei Zico engavetada no Congresso

◄ Zico revê o empresário mineiro Tony Diniz: em 1981, o ídolo fez valer sua autoridade para pedir ao Presidente João Baptista Figueiredo que interviesse, pois sem ajuda do Governo Federal o menino perderia a visão

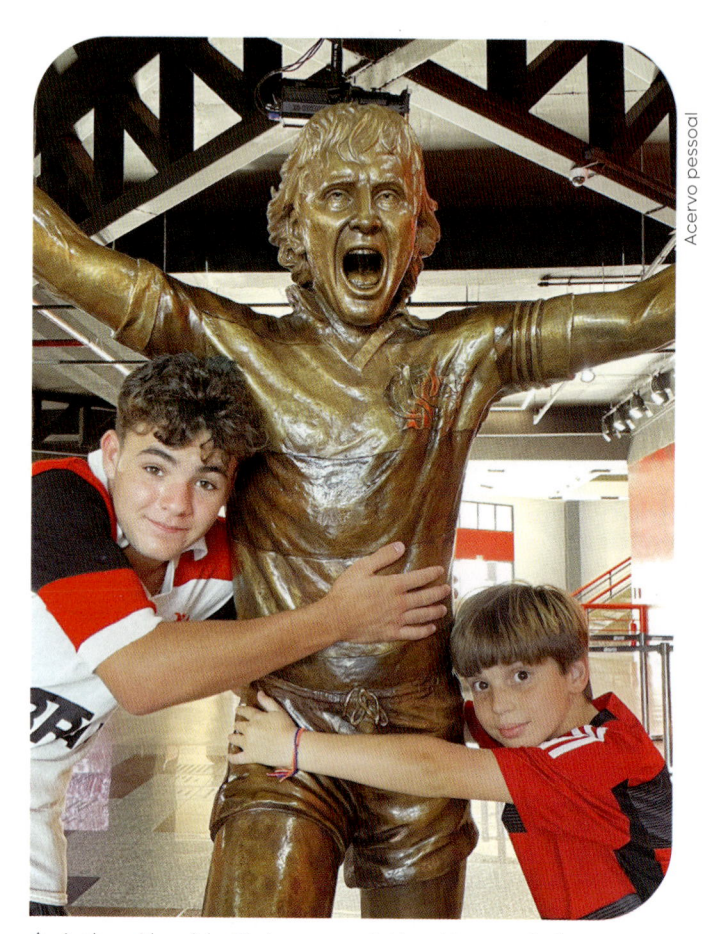

▲ Arthur Almeida Flaksman e Arthur Vargas Salles abraçam a estátua de Zico, no Clube de Regatas do Flamengo: inúmeros pais homenageiam os filhos dando-lhes o nome do ídolo

Acervo pessoal